ANÁLISE FINANCEIRA
ENFOQUE EMPRESARIAL

Uma abordagem prática para executivos não financeiros

ERICO COSTA BARROS
FERNANDA RIGHI DREON

Edição: 1ª
Belo Horizonte
2016

Dados Internacionais de Catalogação na Publicação (CIP)

(eDOC BRASIL, Belo Horizonte/MG)

B277a
 Barros, Erico Costa.
  Análise financeira: enfoque empresarial: uma abordagem prática para executivos não financeiros / Erico Costa Barros, Fernanda Righi Dreon. – Belo Horizonte (MG): Libretteria, 2016.
  162 p. : il. ; 15,5 x 22,5 cm

  Inclui bibliografia
  ISBN 978-85-69922-01-8

  1. Administração financeira. 2. Balanço (Contabilidade). 3.Contabilidade gerencial. 4. Empresas – Contabilidade. I. Dreon, Fernanda Righi. II. Título.

CDD-657.3

AGRADECIMENTOS

Para chegar a este momento da vida, assim como todas as conquistas que alcancei, contei sempre com a dedicação, esforços, incentivos e carinho de meus pais (in memoriam), minha esposa, meus filhos, noras, genro e netos, agradeço-lhes do fundo do meu coração. Que família maravilhosa!

Desde muito cedo em minha vida aprendi com meus professores a importância de estudar e alargar conhecimentos. Por estes ensinamentos também sou muito agradecido. Quanta cultura absorvida!

Aos colegas com quem convivi ao longo dos anos, trocando experiências, minha gratidão. Quantos ensinamentos compartilhados!

E a razão de tudo – muito obrigado meu Deus! Quanta luz em meu caminho!

ERICO BARROS

PREFÁCIO

Foi uma grande honra e alegria receber o convite do Erico para escrever o prefácio de seu livro.

Acompanho a sua trajetória há muitos anos, como consultor e conselheiro para assuntos financeiros. Participei de seus treinamentos em "análise financeira" e guardei sua apostila, a qual, sempre que preciso, serve-me de fonte de consulta.

Sempre o incentivei a divulgar seus preciosos conhecimentos por meio de um livro escrito de forma simples e objetiva, como este que acabo de receber.

A cada leitura e releitura, aumenta o meu entusiasmo pela forma como os conceitos foram descritos, haja vista que proporcionam ao leitor um entendimento claro e fácil de um assunto que, ao longo dos anos, vem assumindo um papel cada vez mais importante nas organizações, seja para o gerenciamento diário da empresa, seja para garantir um melhor relacionamento com os seus diversos *donos/partes interessadas/stakeholders.*

Todos os conceitos abordados no livro, os quais, no passado, eram restritos a especialistas em finanças, passam, com o advento da moderna administração e das inúmeras tecnologias, a ser requisitos indispensáveis para que todo empreendedor seja bem-sucedido em seus negócios.

O livro, portanto, tem o objetivo de dar suporte aos leitores, no caso, Executivos não Financeiros, provendo-os de informações e conhecimentos de natureza econômica, financeira e contábil, todos necessários para sustentar a gestão de uma empresa e, consequentemente, a tomada de decisões assertivas e embasadas.

O capítulo 6, por exemplo, apresenta 9 reflexões muito interessantes, de utilização diária, necessárias ao quotidiano de todas as organizações. Além disso, os episódios descritos no capítulo 7 dão uma dimensão real da utilização prática, em diversos segmentos de negócios, dos conceitos técnicos explicados ao longo do livro.

"Análise Financeira – Enfoque Empresarial" apresenta conceitos financeiros de uma forma didática, acessível e aplicável a todo tipo de empreendimento, com o intuito de munir os Executivos de informações relevantes para a análise, ação e decisão, de forma a garantir que a gestão seja focada em resultados e prime sempre pela produtividade e competitividade.

Por fim, só me resta parabenizar o Erico, profissional qualificado, referência técnica do Instituto Aquila e colega de debates técnicos mensais, pelo belo trabalho. O livro é surpreendente!

RAIMUNDO GODOY CASTRO FILHO

SUMÁRIO

1. INTRODUÇÃO..9

1.1 Histórico..10

1.2 Escopo do livro..14

1.3 Objetivo das empresas.......................................15

2. NOÇÕES DE CONTABILIDADE.............................17

2.1 Usuários da contabilidade.................................18

2.2 Conceito..19

2.3 Funções da contabilidade..................................20

2.4 Conceitos básicos em contabilidade................21

2.5 Entendendo as responsabilidades contábeis na empresa.............24

3. DEMONSTRATIVOS FINANCEIROS.....................27

3.1 Balanço Patrimonial...28

3.1.1 Conceituação...30

3.1.1.1 Ativo circulante....................................30

3.1.1.2 Ativo não circulante.............................32

3.1.1.3 Passivo circulante................................34

3.1.1.4 Passivo não circulante.........................34

3.1.1.5 Patrimônio líquido...............................34

3.1.1.6 Estados patrimoniais...........................35

3.2 DRE – DEMONSTRATIVO DE RESULTADO DE EXERCÍCIO......42

3.2.1 RECEITA BRUTA DE VENDAS E SERVIÇOS – ROB 44

3.2.2 DEDUÇÕES DA RECEITA BRUTA DE VENDAS E SERVIÇOS...........45

3.2.3 RECEITA OPERACIONAL LÍQUIDA – ROL.................................45

3.2.4 CPV ou CMV 46

3.2.5 LUCRO BRUTO 46

3.2.6 DESPESAS OPERACIONAIS 47

3.2.7 EBITDA 47

3.2.8 DEPRECIAÇÃO 47

3.2.9 AMORTIZAÇÃO 48

3.2.10 LUCRO OPERACIONAL OU EBIT 48

3.2.11 RESULTADO FINANCEIRO LÍQUIDO 49

3.2.12 RECEITAS E DESPESAS NÃO OPERACIONAIS 49

3.2.13 LUCRO ANTES DO IR E CSLL 49

3.2.14 IMPOSTO DE RENDA E CONTRIBUIÇÃO SOCIAL 50

3.2.15 LUCRO LÍQUIDO DO EXERCÍCIO 50

3.2.16 DISTRIBUIÇÃO DE DIVIDENDOS 50

3.2.17 LUCRO RETIDO 51

4. BALANÇO - O MODELO TRADICIONAL E O MODELO DINÂMICO 53

5. INDICADORES ECONÔMICO-FINANCEIROS 57

5.1 Indicadores de Liquidez 58

5.1.1 Necessidade de Capital de Giro - NCG 58

5.1.2 Capital de Giro - CDG 61

5.1.3 Saldo de Tesouraria - T 64

5.1.4 Análise de Liquidez 66

5.1.5 Liquidez Geral 74

5.1.6 Liquidez Corrente 75

5.1.7 Liquidez Imediata 76

5.1.8 Liquidez Seca 78

5.2 Indicadores de Atividade 78

5.2.1 Prazo Médio de R0ecebimento (PMR) 79

5.2.2 Prazo Médio de Pagamento (PMP) 80

5.2.3 Prazo Médio de Estocagem (PME)..81

5.3 Os ciclos da empresa..84

5.3.1 Ciclo Econômico 84

5.3.2 Ciclo Operacional 85

5.3.3 Ciclo Financeiro...87

5.3.4 Os Ciclos da Empresa (Econômico, Financeiro e Operacional) 88

5.4 Indicadores de Rentabilidade 92

5.4.1 Margem Bruta...92

5.4.2 Margem de Contribuição 93

5.4.3 Ponto de Equilíbrio (Break even point) 94

5.4.4 Margem EBIT 94

5.4.5 Margem EBITDA...95

5.4.6 Margem Líquida...98

5.4.7 Rentabilidade do Ativo Econômico - ROCE 98

5.4.8 Rentabilidade do Patrimônio Líquido - ROE............................ 100

5.4.9 Rentabilidade do Ativo 101

5.5 Indicadores Financeiros 103

5.5.1 Participação dos custos operacionais nas vendas 103

5.5.2 Participação das despesas operacionais nas vendas 103

5.5.3 Participação das despesas comerciais de vendas nas vendas 104

5.5.4 Participação das despesas gerais e administrativas nas vendas 105

5.5.5 Participação do Saldo Financeiro nas Vendas......................... 106

5.5.6 Custo do Capital de Terceiros.. 107

5.6 Geração Líquida de Caixa 107

5.6.1 Fluxo de caixa líquido atual 107

5.6.2 Fluxo de caixa líquido mínimo necessário 108

5.7 Indicadores de Endividamento 109

5.7.1 Endividamento a longo prazo 110

5.7.2 Participações de terceiros 111

5.7.3 Exigível total sobre patrimônio líquido............................112

5.7.4 Cobertura de despesas financeiras................................113

5.8 Valor Agregado (VAE)..114

6. PONTOS DE REFLEXÃO NA GESTÃO DE RESULTADOS - DESPESAS RECEITAS 95

6.1 O tempo – fator de sucesso 120

6.2 Revisão de metas: Isto existe?...122

6.3 Os contratos de prestação de serviços e a terceirização...............122

6.4 Preço versus consumo 124

6.5 Rateio versus divisão das despesas.....................................126

6.6 A máscara de "gastos diversos", "outros gastos", "despesas gerais" e outros similares..129

6.7 Gastos "impostos pela matriz"...130

6.8 Gastos "ditos estratégicos"..130

6.9 Pontos relevantes no acompanhamento das receitas 132

7. COMPARTILHANDO A EXPERIÊNCIA PROFISSIONAL 135

8. PALAVRAS FINAIS 157

9. BIBLIOGRAFIA..161

1
Introdução

1.1 Histórico

O início de todos os movimentos de estruturação de empresas e criação da administração científica moderna teve seu ponto de partida nos meados do século XVIII com um fenômeno responsável por significativas mudanças sociais e econômicas: **A REVOLUÇÃO INDUSTRIAL**.

A revolução industrial trouxe em seu bojo nova concepção de trabalho, que ficou conhecida, mais tarde, como linha de montagem, ou seja, os trabalhos foram divididos em vários estágios e executados por agentes diferentes, ao contrário da época anterior, em que um único operário era responsável pela produção de cada unidade do produto.

Esta mudança culminou em maior eficiência na produção e por via de consequência menores custos, ganhando dimensão o conceito de processo.

Todavia, não só os pontos positivos prevaleceram, alguns efeitos colaterais foram identificados ao longo dos tempos:

As empresas cresceram aceleradamente, sem o mínimo de organização, fazendo com que seus dirigentes mal tivessem tempo de eliminar os sintomas de tantas anomalias; em outras palavras, os gestores passaram a ser "combatentes de focos de incêndios", sem tempo para melhorar as operações em curso. As empresas não tinham ritmo;

A necessidade de uma maior produção era ponto fundamental, pois com o advento das máquinas era preciso criar mais empregos que foram eliminados e, paralelamente, o consumo também aumentava;

Novos participantes chegaram para disputar uma parte do mercado ocupado, portanto era essencial que a produtividade e custos reduzidos estivessem sempre presentes, para fazer frente à concorrência emergente.

Por estas razões, entre outras, tem início a moderna administração para combater os indícios de mau gerenciamento, visível a olho nu e merecendo destaque, uma vez que o cliente passa a ser mais exigente e seletivo, quanto a preço e qualidade.

Novos cenários passam, ao longo dos anos, a ameaçar a permanência no mercado de várias empresas, em diversos segmentos. Podemos citar, entre outros:

- Ameaças da concorrência lançando produtos mais modernos;

- Guerras fiscais, levando muitas empresas a perder competitividade;

- Entraves burocráticos, dificultando o comércio externo e elevando os custos;

- Avanços tecnológicos envelhecendo o processo produtivo, sabidamente de custo elevado;

- Custo da mão-de-obra cada vez mais alto face aos benefícios concedidos;

- Impostos sempre em nível ascendente.

Toda esta configuração passa a justificar a necessidade de melhorar a padronização dos processos e seus controles, aprimorar o gerenciamento da rotina, treinar equipes, não só em busca da alta produtividade, mas também para patrocinar o crescimento do ser humano, fazendo com que os empresários investissem maciços recursos financeiros em equipes próprias dedicadas ou por meio de consultorias especializadas em busca da excelência operacional ou a implantação do controle da qualidade total.

A inexistência de controles efetivos sobre o movimento diário de caixa e bancário, valores a pagar e a receber, gerenciamento de estoques, receitas e gastos mensais não geram as informações indispensáveis para a tomada de decisão, trazendo como consequência dificuldades financeiras, pois as decisões, no mais das vezes, são tomadas sem análises profundas e sem planejamento adequado.

O efeito colateral deste sistema de gestão ineficaz é que na maior parte do tempo a energia do administrador, em relação à gestão financeira, é dedicada para eliminar crises, ou seja, ele passa a sentir dificuldades para administrar as suas contas.

Os controles são importantes para o gerenciamento do dia-a-dia da empresa, principalmente pelo fato de que eles geram as informações necessárias para sustentar a gestão empresarial.

A saúde financeira da organização é o ponto focal para seu sucesso, isto é, proporcionará o capital necessário para as atividades operacionais da empresa, como recursos para financiamento aos clientes decorrentes de vendas a prazo, para manter estoques de matérias-primas, produtos em processo e produtos acabados, disponibilidades para pagamento aos fornecedores de materiais e serviços, pagamento de impostos, salários e demais gastos operacionais da empresa.

O administrador deve considerar no seu desempenho diário na administração as situações de origem e aplicação de recursos, não deixando de considerar que todos os recursos são caros e escassos e, portanto, sua aplicação deve ser suficientemente estudada para trazer os retornos desejados sobre o capital empregado.

As contas financeiras movimentam o dia-a-dia da empresa, evidenciando um ciclo de causa e efeito, a saber:

- Vendas a prazo exigem recursos para financiar os clientes compradores e, alternativamente, ao se comprar a prazo temos o financiamento dos fornecedores quer em parte, quer no total dos estoques.

- O pagamento dos serviços a prazo de energia, impostos, salários e outros são financiados pelos seus provedores.

- A manutenção de estoques, em qualquer estágio, exige recursos para financiá-los.

Isso tudo leva as empresas a buscar o aprimoramento da gestão. Uma gestão com foco em resultados, com levantamento de oportunidades de melhorias que mostrem onde a gestão precisa efetivamente melhorar.

1.2 Escopo do livro

A finalidade maior deste trabalho é trazer aos Executivos não Financeiros pontos relevantes para análise, ação e decisão com vistas ao atendimento precípuo da missão da empresa, que é obter resultados.

Para auxiliar o gestor a alcançar os objetivos empresariais, vamos iniciar com algumas diretrizes importantes que devem ser o "livro de cabeceira" de qualquer Executivo.

- O resultado operacional da empresa é medido pelo indicador chamado EBITDA. Portanto, e considerando que seus componentes são as receitas, deduzidos os custos e despesas, é fácil concluir que todos os esforços devem convergir para aprimorá-los, ou seja, aumentar as receitas e reduzir os gastos, e neste particular começar com as ações "ver e agir" em cima dos desperdícios e das oportunidades perdidas de vendas.

- No entanto, nem todas as receitas e despesas que compõem o EBITDA se transformam em caixa, no mesmo momento em que são registradas, ou por inadimplência, ou não pagamento de despesas, entre outros. Isto porque a contabilidade é feita no regime de competência. Além do mais, há receitas e despesas que não fazem parte do EBITDA, mas sensibilizam o caixa.

- Por esta razão é mandatória a elaboração do fluxo de caixa e seu gerenciamento.

- O bom gerenciamento do fluxo é feito por meio dos indicadores da atividade, isto é, contas a receber baixas, nível de estoque baixo e prazos para pagamento altos. Conseguir prazo longo é fácil, mas pode trazer encargos financeiros embutidos no preço da mercadoria.

O controle efetivo dos resultados e o gerenciamento eficaz do caixa diminuirão a pressão financeira instalada na empresa, em outras palavras, a empresa sem resultados e sem caixa, além de não crescer e remunerar as partes interessadas, obrigará o seu gestor a procurar recursos adicionais dos investidores ou do mercado, lembrando sempre que todo recurso é escasso e, por via de consequência, caro.

1.3 Objetivo das empresas

Figura 1 – A empresa e a geração de valor.

- Fazer com que os investimentos na empresa sejam mais rentáveis que outros disponíveis no mercado.
- Estimular as melhores ofertas de remuneração e condições de trabalho.
- Proporcionar aos credores maior segurança nas transações.
- Permitir à empresa exercer a sua responsabilidade social.

Surge, então, a necessidade de análises de resultado de maneira consistente e profunda.

Para medir a agregação de valor em uma empresa, analisamos a sua situação econômico-financeira, utilizando as demonstrações contábeis e financeiras.

Figura 2 – Exemplos de DRE e Balanço Patrimonial resumidos.

2

NOÇÕES DE CONTABILIDADE

Não está presente na concepção deste trabalho elaborar um manual de contabilidade, por fugir a seu escopo. No entanto, precisamos conhecer o mínimo da matéria para entender as análises.

2.1 Usuários da Contabilidade

Diferentemente do que se imaginava, os usuários da contabilidade e da análise econômico-financeira são internos e muitos externos, razão pela qual sua acurácia e tempestividade devem ser fatores relevantes e presentes.

Usuários da Contabilidade	
Internos	**Externos**
Gerentes	Fornecedores
Donos	Governo
Diretoria	Clientes
Acionistas	Concorrentes
Funcionários	Bancos
	Investidores

Figura 3 – Usuários da contabilidade.

É preciso, portanto, entender onde estão as oportunidades de ganho por meio da avaliação e análise das suas demonstrações financeiras, visando à potencialização dos resultados pretendidos pelos acionistas.

A análise financeira permite à empresa, além de conhecer melhor o seu desempenho econômico-financeiro, identificar desvios nos processos, advindo daí um sistema de gestão mais robusto.

A análise da situação econômico-financeira da empresa possui características que permitem identificar anomalias em outras atividades, como políticas de compra e suprimentos, política de vendas, além de poderosa ferramenta para análise do capital empregado e da rentabilidade do negócio.

Todas as oportunidades detectadas balizarão o norte que a organização deve buscar e serão transformadas em metas amplamente discutidas e negociadas até o último nível gerencial e, obviamente, com o emprego de técnicas modernas de gerenciamento, que possibilitarão que os resultados desejados sejam alcançados, por meio de planos de ação estruturados e implementados, tempestivamente.

2.2 CONCEITO

Contabilidade é a ciência que estuda e interpreta os registros dos fenômenos que afetam o **patrimônio** de uma entidade. Objetiva representá-lo graficamente, evidenciar suas variações, estabelecer normas para sua interpretação, análise e auditagem e servir como instrumento básico para a tomada de decisões de todos os setores direta ou indiretamente envolvidos com a empresa.

Estruturalmente, os registros levam em conta a **origem** dos recursos (**Passivo**) e seu **destino (Ativo)**. Daí advindo os conceitos:

2.3 Funções da contabilidade

A Contabilidade tem como funções:

- **REGISTRAR** todos os fatos que ocorrem e podem ser representados em valor monetário;

- **ORGANIZAR** um sistema de controle adequado à empresa;

- **DEMONSTRAR**, com base nos registros realizados, e expor periodicamente por meio de demonstrativos, a situação econômica, patrimonial e financeira da empresa;

- **ANALISAR**: os demonstrativos podem ser analisados com a finalidade de apuração dos resultados obtidos pela empresa;

- **ACOMPANHAR** a execução dos planos econômicos da empresa, prevendo os pagamentos a serem realizados, as quantias a serem recebidas de terceiros, alertando para eventuais problemas.

2.4 Conceitos básicos em contabilidade

BEM

É tudo o que possa satisfazer a alguma necessidade da empresa, que esteja sujeito a avaliação econômica (ou seja, ao qual se possa atribuir um valor expresso em moeda) e sobre o qual a empresa possua a posse (isto é, esteja em seu poder) e propriedade (quer dizer, seja o seu dono).

DIREITO

É um bem que não está em poder da empresa.

OBRIGAÇÕES

São bens que não pertencem à empresa, mas que estão temporariamente em seu poder.

FATO CONTÁBIL

É todo evento, envolvendo bens, direitos ou obrigações da empresa, que seja merecedor de registro na contabilidade.

PARTIDAS DOBRADAS

Débito e **crédito** são palavras convencionadas para indicar se uma transação aumenta ou diminui o ativo, o passivo ou o patrimônio líquido de uma empresa e os seus demonstrativos de resultado.

A todo **débito** corresponde um **crédito de igual valor** e vice-versa.

Em consequência do método das partidas dobradas, a soma dos saldos das contas do ativo deve ser sempre idêntica à soma dos saldos das contas do passivo e patrimônio líquido, de tal forma que, se esses dois saldos não forem exatamente iguais, isso denuncia um erro de lançamento que precisa ser detectado e corrigido.

	Ativo	Passivo	PL	Receita	Despesa
⬆ AUMENTAR (+)	Débito	Crédito	Crédito	Crédito	Débito
⬇ DIMINUIR (+)	Crédito	Débito	Débito	Débito	Crédito

REGIME

É a regra que diz como um fato contábil deve ser registrado na contabilidade. A regra que diz que um fato contábil deve ser registrado no momento em que o dinheiro entra ou sai do caixa da empresa é chamada de "regime de caixa". A regra que diz que um fato contábil deve ser registrado no momento em que as obrigações são assumidas ou os direitos são adquiridos é chamada de "regime de competência". O regime de caixa é utilizado, portanto, para evidenciar o saldo financeiro da empresa (sobra ou falta de caixa). Sua aplicação é restrita (entidades sem fins lucrativos). O regime de competência, por sua vez, é o regime universalmente adotado, sendo o critério aceito e recomendado pela Receita Federal. Nele, as receitas são contabilizadas no período em que foram geradas, independentemente da forma de pagamento (à vista ou a prazo) e as despesas são contabilizadas no período em que foram consumidas, independentemente de o pagamento ter sido ou não realizado.

LANÇAMENTOS CONTÁBEIS

São os registros dos fatos contábeis feitos nos livros contábeis.

PLANO DE CONTAS

É uma estrutura de contas e subcontas dentro da qual são feitos os relatórios contábeis.

EXERCÍCIO

É o período decorrido no qual a contabilidade apura os resultados da empresa.

2.5 Entendendo as responsabilidades contábeis na empresa

Muitas vezes observamos algumas confusões no entendimento das perspectivas contábil e financeira nas organizações. O lado esquerdo da figura mostra a visão da empresa por parte da tesouraria. O lado direito mostra a visão conforme a controladoria:

Figura 4 – Responsabilidades contábeis na empresa.

O exemplo abaixo demonstra as perspectivas contábil e financeira de avaliação da empresa: para a controladoria, será considerada no resultado a receita proveniente das vendas, independentemente de já terem sido recebidas ou não, o que também vale para as despesas realizadas no período, independentemente de terem sido pagas ou não. Do ponto de vista financeiro (tesouraria), as receitas somente são consideradas se foram recebidas, sendo que o mesmo também se aplica para as despesas (conforme o desembolso).

31/12/20XX

Vendas	**R$ 100.000,00**	**a receber**
CPV	**R$ 80.000,00**	**pago**

PERSPECTIVA CONTÁBIL Demonstrativo do Resultado		**PERSPECTIVA FINANCEIRA** Demonstrativo do Fluxo de Caixa	
Receita de Vendas	R$ 100.000,00	Entrada de Caixa	R$ 0,00
(-) Despesas	R$ 80.000,00	(-) Saída de Caixa	R$ 80.000,00
Lucro	R$ 20.000,00	Fluxo líquido de caixa	(R$ 80.000,00)

Figura 5 – Perspectivas contábil e financeira.

Não perder de vista, nestas análises, os efeitos tributários das operações quando comparados com eventuais inadimplências.

3

Demonstrativos financeiros

3.1 Balanço Patrimonial

A **ciência contábil**, pelo método consagrado das partidas dobradas, procura evidenciar, em cada operação econômica ocorrida na empresa, a causa e o efeito por ela provocados na estrutura patrimonial.

Assim, o Balanço Patrimonial é a demonstração contábil destinada a evidenciar, numa determinada data, a posição patrimonial e financeira da entidade.

Segundo a legislação vigente, as empresas estão obrigadas a levantar seus **balanços** pelo menos uma vez em cada período de doze meses, podendo este período coincidir ou não com o ano civil.

O Balanço Patrimonial possui três elementos básicos:

E como as contas patrimoniais são dispostas no Balanço Patrimonial?

ATIVO	PASSIVO
Classificação em ordem decrescente de **grau de liquidez.**	Classificação em ordem decrescente de **prioridade de pagamento das exigibilidades.**

Grau de Liquidez representa a velocidade com que o ativo pode se transformar em dinheiro. Quanto maior o grau de Liquidez, mais rapidamente ele se transforma em dinheiro.

Abaixo, uma estrutura resumida do Balanço Patrimonial:

APLICAÇÕES	FONTES
ATIVO	**PASSIVO**

. Ativo Circulante
. Ativo Não Circulante
    . Realizável a LP
    . Investimentos
    . Imobilizado
    . Intangível
	. Passivo Circulante
	. Passivo Não Circulante

	PATRIMÔNIO LÍQUIDO
	. Capital Social . Reservas : Capital, Reavaliação de Lucros . Lucros ou Prejuízos Acumulados

3.1.1 Conceituação

3.1.1.1 Ativo Circulante

É o grupo de contas do ativo com maior grau de liquidez. É constituído pelas contas que já são dinheiro (disponibilidades) e pelas contas que se converterão em dinheiro até o final do exercício social subsequente. Assim, por exemplo, uma empresa cujo exercício social se encerre em 31 de dezembro, ao realizar o encerramento do exercício de 31 de dezembro de 2015, deverá classificar no ativo circulante todos os valores realizáveis até 31 de dezembro de 2016.

Na empresa cujo ciclo operacional (tempo decorrido entre a compra de insumos e o recebimento da venda da mercadoria) tenha duração maior que o exercício social, a classificação no circulante ou longo prazo terá por base o prazo deste ciclo.

ATIVO (Bens + Direitos)
Ativo Circulante
Disponibilidades
Numerários e saldos bancários para utilização imediata
Direitos realizáveis no curso do exercício social subsequente
Valores a receber, deduzidos das duplicatas descontadas e provisão para perdas
Depósitos que não tenham liquidez imediata
Adiantamento a fornecedores, empregados
Os impostos a recuperar (créditos da empresa para com o fisco)
Estoques
Todos os tipos de estoque, deduzidos das provisões para quebras e desvalorizações
Despesas do Exercício Seguinte
Representam direitos de recebimento de serviços cujo pagamento já foi efetuado (aluguéis antecipados, juros pagos antecipadamente, assinaturas de jornais e revistas, etc.)
Outros Valores e Bens - Valores não relacionados à atividade-fim da entidade

Potencial de riscos nos ativos:

Dentro do ativo circulante da empresa há, basicamente, três componentes com riscos diversos:

- **Disponível**: há riscos de desfalque de dinheiro em caixa ou desvio de conta corrente bancária. É um risco totalmente controlável dentro da empresa.

- **Duplicatas a receber**: o risco consiste nas inadimplências ou atrasos nos pagamentos por parte dos clientes. É um risco mais elevado, pois depende da capacidade de pagamento de terceiros.

- **Estoques**: consideramos vários riscos potenciais como roubo, deterioração, obsoletismo, de não serem vendidos. Portanto estão sujeitos às condições mercadológicas e conjuntura econômica do país, assim como da própria empresa. Estoques elevados podem ser indícios de mau gerenciamento.

3.1.1.2 ATIVO NÃO CIRCULANTE

É o grupo de contas do ativo com baixo grau de liquidez. São incluídos neste grupo todos os bens de permanência duradoura, destinados ao funcionamento normal da sociedade e do seu empreendimento, assim como os direitos exercidos com essa finalidade. É constituído, assim, pelas contas que se transformarão em dinheiro a longo prazo.

1 - ATIVO (Bens + Direitos)

Ativo Não Circulante

Realizável a Longo Prazo

Composição

Direitos realizáveis após o término do exercício social seguinte ou após o ciclo operacional da empresa, o que for maior;

Direitos de operações não relacionadas às atividades normais da empresa e adiantamentos ou empréstimos a sociedades coligadas ou controladas, diretores, acionistas ou participantes no lucro da empresa.

Investimentos

Participações permanentes em outras sociedades e os direitos de qualquer natureza, não classificáveis no ativo circulante ou ativo realizável a longo prazo e que não constituam negócios usuais na exploração do objeto da companhia, tais como:

- Participações societárias de caráter permanente;

- Aplicações de recursos em sociedades coligadas ou controladas;

- Certificados de investimentos (CI), ações ou quotas decorrentes de incentivos fiscais (FINOR, FINAM, FUNRES);

- Participações em Sociedades Ltda.;

- Aplicações em imóveis não destinados à atividade-fim ou revenda;

- Florestas destinadas à proteção do solo ou à preservação do meio-ambiente.

Imobilizado

Aplicações de recursos em bens de uso da entidade. Podem ser:

- Tangíveis: Instalações, veículos, imóveis, máquinas e equipamentos, móveis e utensílios, etc.

- Intangíveis: Benfeitorias em propriedade de terceiros, patentes de invenção, Direitos de Uso (gastos efetuados para uso de uma marca comercial).

Intangível:

Os chamados "ativos intangíveis" são aqueles que não têm existência física. Como exemplos de intangíveis: os direitos de exploração de serviços públicos mediante concessão ou permissão do Poder Público, marcas e patentes, softwares e o fundo de comércio adquirido, direitos autorais.

3.1.1.3 PASSIVO CIRCULANTE

É o grupo de contas do passivo que representam obrigações que serão saldadas até o final do exercício seguinte. Na empresa cujo ciclo operacional tenha duração maior que o exercício social, a classificação no circulante ou longo prazo terá por base o prazo deste ciclo.

3.1.1.4 PASSIVO NÃO CIRCULANTE

É o grupo de contas do passivo que serão pagas após o término do exercício seguinte.

PASSIVO (Obrigações)
PASSIVO CIRCULANTE
Todas as obrigações vencíveis até o final do exercício seguinte
Obrigações com Fornecedores, Obrigações Financeiras, Obrigações Fiscais
Obrigações trabalhistas, Outras Obrigações de Curto Prazo e Provisões
PASSIVO NÃO CIRCULANTE
Todas as obrigações vencíveis após o final do exercício seguinte
Empréstimos e financiamentos de longo prazo

3.1.1.5 PATRIMÔNIO LÍQUIDO

O patrimônio líquido representa o registro do valor que os proprietários de uma empresa têm aplicado no negócio e o seu valor é a diferença entre o valor dos ativos e o valor dos passivos. Quando o valor do passivo for maior do que o valor do ativo, o resultado é denominado passivo a descoberto, expressão mais correta do que passivo negativo.

PATRIMÔNIO LÍQUIDO
Representa o Capital Próprio da Empresa
Capital Social: Capital subscrito pelos sócios ou acionistas da Empresa
Reservas de Capital
Art. 182 da Lei 6.404/76
Reservas de Reavaliação
Reservas obtidas pelo aumento do valor dos Bens do Ativo, em virtude de novas avaliações. A avaliação deverá ser efetuada por peritos ou empresa especializada.
Reserva de Lucros

3.1.1.6 ESTADOS PATRIMONIAIS

A análise do balanço patrimonial nos leva a conclusões preliminares interessantes e que deverão ser seguidas de análises profundas para obtenção de um parecer final.

Patrimônio Líquido (PL) é a diferença algébrica entre ativo (A) e o passivo (P).

$$A \geq 0 \qquad P \geq 0 \qquad PL \geq 0 \text{ ou } PL \leq 0$$

Com base na equação do balanço (A − P = PL), pode-se, então, concluir que, em dado momento, o patrimônio assume, invariavelmente, um dos seguintes estados, a saber:

1º) Quando A > P, teremos PL > 0

2º) Quando A > P e P = 0, teremos PL > 0

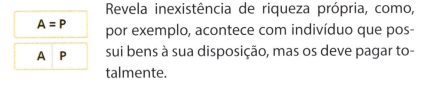

Revela a inexistência de dívidas (passivo). Logo, propriedade plena de ativo.

3º) Quando A = P, teremos PL = 0

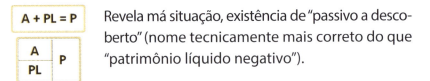

Revela inexistência de riqueza própria, como, por exemplo, acontece com indivíduo que possui bens à sua disposição, mas os deve pagar totalmente.

4º) Quando P>A, teremos PL ≤ 0

Revela má situação, existência de "passivo a descoberto" (nome tecnicamente mais correto do que "patrimônio líquido negativo").

5º) Quando P>A e A=0, teremos PL<0

PL = P
PL	P

Revela inexistência de ativo, inexistência de bens e/ou direitos. Apenas dívidas (obrigações).

Os dois últimos estágios patrimoniais (4º e 5º), na realidade, raramente ocorrem, principalmente o último, quando a empresa praticamente já não tem condições de subsistência.

CONSOLIDAÇÃO DAS DEMONSTRAÇÕES CONTÁBEIS

No caso da matriz e filiais de uma determinada empresa, um simples somatório das contas dos demonstrativos contábeis de todas as unidades resulta num demonstrativo unificado ou combinado de toda a empresa. Nesse caso, mesmo que as unidades detenham escrituração própria e apresentem demonstrativos contábeis separados, estes não têm valor jurídico, por pertencerem a uma única empresa juridicamente considerada.

Entretanto, no caso da relação entre empresas investidoras e investidas, juridicamente distintas, pertinentes a um mesmo grupo, cada demonstrativo contábil tem validade jurídica, em face da independência jurídica de cada uma dessas empresas. Porém, pela particularidade de essas empresas pertencerem, parcial ou integralmente, a um mesmo proprietário (ou grupo de proprietários), os demonstrativos pertinentes deverão ser consolidados a fim de refletir a situação de todo o grupo.

Neste segundo caso, o simples somatório das contas dos diversos demonstrativos das empresas não basta. Existe uma gama de interesses e interessados em cada uma dessas demonstrações. Além dos acionistas controladores, existem os minoritários, cujos interesses repousam apenas nos demonstrativos contábeis da empresa em que são acionistas. Desse modo, faz-se necessário utilizar as técnicas de consolidação, universalmente consagradas e baseadas na forma de constituição das sociedades e na forma de aquisição dos investimentos em ações.

A consolidação das demonstrações contábeis objetiva relatar a situação de um grupo de sociedades, atreladas por meio de controle financeiro, independentemente de sua constituição jurídica.

Processo de Consolidação:

A consolidação das contas e dos demonstrativos contábeis de um determinado grupo de empresas pode se efetuar mediante a utilização do método de custo ou do método da equivalência patrimonial.

Método de Custo:

- Investimentos avaliados ao preço de custo corrigido monetariamente, excluída a provisão para perdas permanentes.

- A empresa investidora registra apenas as operações ou transações com base em atos formais.

- A investidora registra os dividendos como receita no momento em que a investida os declara e distribui, ou os provisiona.

- Por este método, a empresa investidora não reconhece os lucros e reservas gerados e não distribuídos pela investida.

Método de Equivalência Patrimonial:

A investidora deve reconhecer os resultados e variações patrimoniais ocorridos na empresa investida no momento de sua geração, independentemente de serem distribuídos ou não.

Exemplo:

- Considerando que a empresa A (investidora) detenha 50% do capital social da empresa B (investida);

- E que a empresa B obtenha lucro no exercício, que implicará aumento em seu patrimônio líquido.

Nesse caso, a investidora (A) terá direito a 50% desse lucro (proporcional à sua participação em B), mesmo que a empresa B não faça a distribuição imediata desse lucro.

O investidor deve reconhecer nos seus resultados os ajustes no valor dos investimentos em controladas ou coligadas, sendo a contrapartida em receita ou despesa para o investidor.

Essa participação no lucro será refletida na empresa A sob a forma de aumento do valor contábil do respectivo investimento quando da aplicação do método de equivalência patrimonial.

Na determinação do patrimônio líquido da empresa investida, que será utilizado pela investidora para fins de equivalência patrimonial, observar-se-á o seguinte:

- A investidora deverá ajustar o patrimônio líquido da investida para eliminar o efeito de resultados não realizados decorrentes de negócios com a própria investidora ou empresas pertinentes ao conglomerado, se for o caso.

- São considerados resultados não realizados os lucros ou prejuízos incluídos no resultado da investida e correspondidos por inclusão (quando há lucro) ou exclusão (caso haja prejuízo) no custo de aquisição de ativos de qualquer natureza no balanço patrimonial da investidora ou de outras empresas coligadas ou controladas desta.

- Os lucros ou prejuízos na investidora, assim como as receitas e as despesas, decorrentes de negócios que tenham gerado simultânea e integralmente efeitos na conta de resultado da investida, não serão excluídos do valor do seu patrimônio líquido para fins de equivalência patrimonial.

Método de Custo x Equivalência Patrimonial:

- Sempre que os investimentos forem relevantes, adotar-se-á o método da equivalência patrimonial.

- Quando não relevantes, adotar-se-á o método de custo, cujos reflexos tendem a não ser significativos.

Definição de Relevante:

A determinação de relevância dos investimentos é feita pela relação entre o valor contábil dos investimentos no ativo da investidora e o valor do patrimônio líquido da própria investidora, ambos na data do balanço patrimonial.

Referido assunto encontra-se normatizado pela Lei 6.404/76 (art. 247) e pela instrução CVM 247/96.

Peculiaridades da Contabilidade:

- Não há contabilidade igual. Algumas exceções para bancos, seguradoras e empresas de capital aberto, pois há órgãos reguladores que exigem padronização para efeitos comparativos.

- O balanço é um **retrato da empresa** em um determinado momento.

- A análise de um só balanço é útil. Entretanto, é fundamental sua comparação com outros **períodos**, ou seja, precisamos obter várias fotografias na tentativa de compor um filme. Não podemos esquecer, também, que as sazonalidades podem influenciar o **resultado**. Por exemplo, em uma loja de artigos para temporada de praia, na pré-estação seria normal um estoque elevado no seu balanço, mas seria pouco comum este estoque robusto na pós- temporada.

Armadilhas:

- As empresas de capital fechado **não publicam**/divulgam seus balanços.

- O balanço pode estar "**favorecido**" pela ocasião em que foi levantado.

- O balanço pode ser de um conglomerado de empresas de **segmentos diferentes**.

- As mudanças bruscas podem ser "faróis" de alguma **anormalidade**.

- Reflita: se o balanço fosse feito em **outra data** mostraria o mesmo contorno?

- As práticas contábeis **variam** de ano para ano, às vezes e quase sempre de empresa para empresa.

- Cuidado com médias e projeções, pois podem levar a resultados **não realistas**.

3.2 DRE - Demonstrativo de Resultado de Exercício

Este demonstrativo evidencia a composição do resultado formado em determinado período de operações da entidade, mostrando a situação econômica da entidade. Observa, desta forma, o regime de competência para apuração dos vários níveis de resultado, mediante confronto entre as receitas e os correspondentes custos e despesas. Portanto, toda despesa gerada no período (mesmo que ainda não tenha sido paga) será subtraída do total da receita, também gerada no mesmo período (mesmo que ainda não tenha sido recebida).

Assim, o DRE compreende:

a. As receitas do período, independentemente de seu recebimento;

b. Os custos, despesas e encargos relativos às vendas realizadas no período, independentemente do seu pagamento.

Ex: A Cia. ATMB vendeu em X1 R$ 20.000. Recebeu R$ 12.000 à vista e o restante a prazo. A despesa total incorrida com a venda foi de R$ 16.000, mas foram pagos até o último dia do ano apenas R$ 10.000.

REGIMES DE APURAÇÃO DO RESULTADO:
Comparativo Regime de Caixa x Competência

D. R. E.	Competência	Caixa
Receitas	20.000	12.000
Despesas	(16.000)	(10.000)
Resultado	4.000	2.000

Figura 6 - Regimes de caixa e competência.

Abaixo, estrutura do DRE simplificada seguida dos respectivos conceitos:

1. RECEITA BRUTA DE VENDAS E SERVIÇOS - ROB
   2. (-) DEDUÇÕES
3 = RECEITA OPERACIONAL LÍQUIDA - ROL
   4 (-) CPV OU CMV
5 = LUCRO BRUTO - LB
   6 (-) DESPESAS OPERACIONAIS
7 = EBITDA
   8 (-) DEPRECIAÇÃO
   9 (-) AMORTIZAÇÃO
10 = LUCRO OPERACIONAL OU EBIT
   11 +/- RESULTADO FINANCEIRO LÍQUIDO
   12 +/- DESPESAS/RECEITAS NÃO OPERACIONAIS
11 = LUCRO ANTES DO IR E CSLL
   (-) CONTRIBUIÇÃO SOCIAL
   (-) PROVISÃO PARA O IMPOSTO DE RENDA
12 = LUCRO LÍQUIDO DO EXERCÍCIO
   (-) DISTRIBUIÇÃO DE DIVIDENDOS
13 = LUCRO LÍQUIDO RETIDO

Figura 7 - Estrutura simplificada do DRE.

3.2.1 Receita Bruta de Vendas e Serviços - ROB

É a receita apurada com a venda de produtos e/ou serviços, incluindo todos os impostos cobrados do comprador, ou seja, sem o abatimento de impostos.

3.2.2 Deduções da Receita Bruta de Vendas e Serviços

Temos três tipos de deduções:

a. **Vendas canceladas**: Inclui todas as devoluções de vendas ocasionadas por eventuais problemas ocorridos.

b. **Abatimentos**: Descontos concedidos a clientes, posteriormente à entrega dos produtos, por defeitos de qualidade e/ou recompensa por algum problema ocorrido relacionado à entrega, transporte, etc. Não se referem a descontos financeiros concedidos por antecipação de pagamento (descontos financeiros) ou aqueles concedidos no momento da venda e que são deduzidos diretamente na nota fiscal.

c. **Impostos incidentes sobre vendas**: Nesta ocasião, são abatidos os valores dos impostos: IPI, ICMS, ISS, PIS e COFINS.

3.2.3 Receita Operacional Líquida - ROL

É a receita da empresa, deduzindo-se os impostos (que são recursos pertencentes ao governo), as devoluções, os abatimentos e os descontos. É a base de cálculo para o Lucro Bruto.

3.2.4 CPV ou CMV

É o custo dos produtos vendidos. Este custo está diretamente relacionado aos estoques das empresas, pois representa a baixa efetuada na conta patrimonial de estoque por ocasião da venda.

CPV ano 1 = Estoque inicial ano 1 (final ano 0) + Compras – Estoque final ano 1.

Em empresas comerciais, a apuração do CMV- Custo das Mercadorias Vendidas- é mais simples, pois se refere ao custo das mercadorias compradas para revenda. Nas empresas de serviços, é o custo do serviço prestado, sendo parte preponderante o custo da mão-de-obra.

3.2.5 Lucro Bruto

É o resultado da atividade da venda de bens ou serviços que constitua atividade social da empresa, ou seja, é a diferença entre a receita líquida das vendas e dos serviços prestados e o custo dessas mercadorias, produtos ou serviços. Pode-se dizer, portanto, que é o resultado da empresa destinado à remuneração das despesas de vendas, administrativas e financeiras, bem como do governo e dos proprietários das empresas.

3.2.6 DESPESAS OPERACIONAIS

São as despesas necessárias para vender os produtos e administrar a empresa e que contribuem para a manutenção da atividade operacional da empresa.

Ex: Despesas de vendas;

Despesas administrativas;

Despesas gerais.

3.2.7 EBITDA

É a sigla de "*Earnings Before Interest, Taxes, Depreciation and Amortization*", que significa "**Lucros antes de juros, impostos, depreciação e amortização**", em português.

É um indicador financeiro, também chamado de **LAJIDA**, e representa quanto uma empresa gera de recursos por meio de suas atividades operacionais, eliminados os efeitos das provisões da depreciação de ativos tangíveis e da amortização de ativos intangíveis, que antes haviam sido deduzidos como despesas do período na demonstração de resultado.

3.2.8 DEPRECIAÇÃO

É a despesa que representa o desgaste no tempo dos bens utilizados pela empresa. Tais bens são representados pelos ativos imobilizados, exceto os terrenos e obras de arte.

OBS: Exaustão contábil é a redução do valor de investimentos necessários à exploração de recursos minerais ou florestais.

3.2.9 AMORTIZAÇÃO

É a despesa que corresponde à perda do valor do capital aplicado em Ativos Intangíveis.

3.2.10 LUCRO OPERACIONAL OU EBIT

O **EBIT** é a sigla em inglês para *Earning Before Interest and Taxes*, também chamado no Brasil de **LAJIR**, isto é, **Lucro antes dos Juros e Tributos** (imposto de renda e contribuição social sobre o lucro líquido). Segundo Marques et al (2008 p. 127), o EBIT corresponde a uma medida de lucro mais ligada ao resultado de natureza operacional auferido pela sociedade, que não inclui resultado financeiro, dividendos ou juros sobre o capital próprio, resultado de equivalência patrimonial e outros resultados não operacionais. Essa ferramenta apresenta, para o usuário da informação contábil, o verdadeiro lucro contábil a partir das atividades genuinamente ligadas ao negócio, isto é, o quanto a empresa obteve de lucro se só considerasse as operações realizadas pela atividade fim da empresa.

A diferença entre o EBITDA e o EBIT é que o primeiro desconsidera o efeito das despesas não desembolsáveis no resultado (depreciação e amortização), enquanto que o segundo as considera.

3.2.11 Resultado Financeiro Líquido

É a diferença entre as despesas e receitas financeiras auferidas.

- **DESPESAS FINANCEIRAS**: Englobam juros de empréstimos, financiamentos, descontos concedidos a clientes para antecipação de duplicatas, comissões e despesas bancárias.

- **RECEITAS FINANCEIRAS**: Incluem descontos recebidos por pagamentos antecipados de duplicatas, juros recebidos de clientes por atraso no pagamento e receita financeira auferida com aplicações financeiras no mercado (diferença entre o valor aplicado e o resgatado).

3.2.12 Receitas e Despesas não Operacionais

Resultados de ganhos e perdas de capital, ou seja, valores apurados com a venda de algum ativo imobilizado, por exemplo.

3.2.13 Lucro Antes do IR e CSLL

É a diferença entre todas as receitas realizadas e todas as despesas incorridas no período, tanto operacionais quanto não operacionais. Representa o resultado da empresa usado como base para cálculo do Imposto de Renda e Contribuição Social, considerando ajustes previstos na legislação.

3.2.14 Imposto de Renda e Contribuição Social

O Imposto de Renda e Contribuição Social são os impostos incidentes sobre o lucro contábil, apurado conforme item anterior. São, portanto, as obrigações da empresa para com o governo, apuradas com base no seu resultado.

3.2.15 Lucro Líquido do Exercício

É o resultado da empresa que fica à disposição dos sócios e acionistas para constituição de reservas ou distribuição de dividendos.

3.2.16 Distribuição de Dividendos

Corresponde à distribuição de parte ou total do lucro gerado para os acionistas na forma de dividendos.

A cada exercício social (normalmente um ano), a empresa deve apurar o resultado dos seus negócios. Para saber se obteve lucro ou prejuízo, a contabilidade confronta as receitas (vendas) com os gastos. Se as receitas forem maiores que os gastos, a empresa teve lucro. Se forem menores, teve prejuízo.

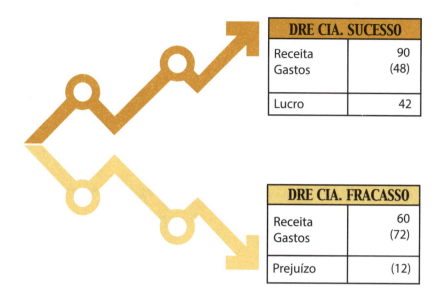

Figura 8 - Apuração do Resultado dos negócios.

3.2.17 Lucro Retido

É a parte do lucro de uma empresa que não é compartida entre os acionistas e funciona como uma reserva para a companhia, na maioria das vezes visando a engrossar o saldo de caixa ou fazer novos investimentos com capital próprio.

4

BALANÇO
O MODELO TRADICIONAL
E O MODELO DINÂMICO

A análise contábil tradicional classifica o ativo como direitos e o passivo como obrigações, agrupando as contas contábeis de ativo e passivo quanto ao prazo e comparando-as diretamente, de forma a desconsiderar o nível de liquidez destas mesmas contas. Também está, de certa forma, mesclando itens operacionais e financeiros, os quais, embora diretamente ligados no dia-a-dia da empresa, têm influência diferente na análise e especialmente no nível de solvência da empresa.

Por sua vez, a análise dinâmica, por meio de sua visão financeira, avalia no ativo onde o dinheiro da empresa está aplicado, e no passivo, onde a empresa foi buscar o dinheiro para financiar essas aplicações. Sugere uma abordagem diferente para o mesmo tipo de análise, na qual procura separar as contas contábeis em três grupos distintos, relacionados às fontes e usos de capital, não especificamente quanto ao prazo dessas contas.

Para tanto, é necessário reclassificar as contas do balanço. Tal reclassificação implica agrupar as contas do balanço por afinidade, em obediência aos novos objetivos de utilização dos dados financeiros. Dessa forma, surgem três novos grupos de contas: 1) as **operacionais**, que guardam relação com as atividades da empresa, ou seja, que se vinculam ao seu negócio; 2) as **permanentes**, que se referem às movimentações vinculadas à alta administração da empresa; e 3) as **financeiras**, que são aquelas de curto e curtíssimo prazos, geralmente administradas pela tesouraria da empresa.

ATIVO (bens e direitos)			PASSIVO (obrigações)		
Grupo Contábil	Contas Patrimoniais	Grupo Funcional	Grupo Contábil	Contas Patrimoniais	Grupo Funcional
Ativo Circulante	Disponibili-dades	Ativo Financeiro	Passivo Circulante	Empréstimos CP Financiamentos CP	Ativo Financeiro
Ativo Circulante	Créditos Estoques	Ativo Cíclico (operacional)	Passivo Circulante	Fornecedores Contas a pagar Salários e encargos a pagar Impostos a pagar	Passivo Cíclico (operacional)
Ativo Não Circulante	Contas a receber Títulos a receber	Contas permanentes	Passivo Não Circulante	Empréstimos LP Financiamentos LP	Contas permanentes
Ativo Não Circulante	Investimentos Imobilizado Intangível	Contas permanentes	Patrimônio Líquido	Capital social Reservas Lucros/Prejuizos acumulados	Contas permanentes

MAIOR — Liquidez — MENOR

MAIOR — Prioridade de Pagamento — MENOR

Figura 9 – Modelo tradicional x dinâmico do Balanço Patrimonial.

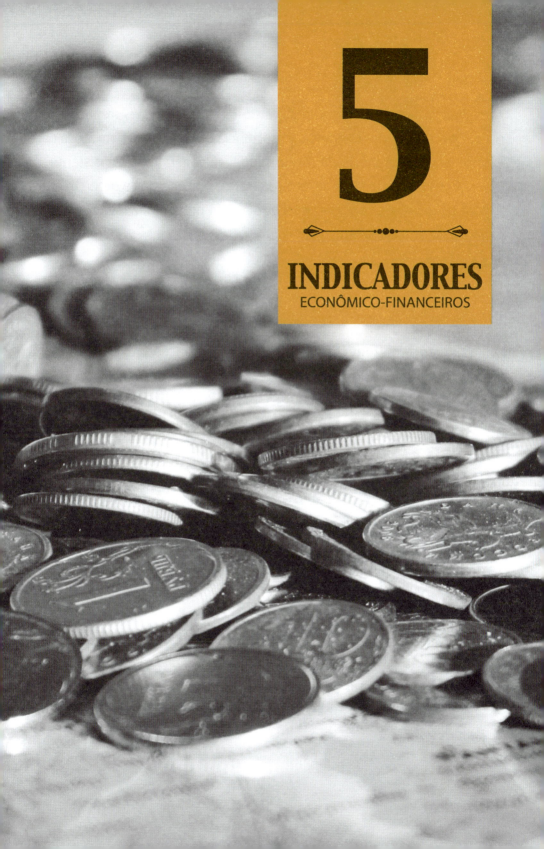

5
INDICADORES
ECONÔMICO-FINANCEIROS

5.1 Indicadores de Liquidez

Avaliam a capacidade de pagamento das organizações frente às suas obrigações. Sendo de grande importância para a administração da continuidade da empresa, de modo saudável, constante e consistente, as variações destes índices devem ser motivos de estudos e preocupações para os gestores, considerando que a falta de liquidez leva a empresa para uma situação de insolvência.

Modelo Dinâmico

5.1.1 Necessidade de Capital de Giro – NCG

É a diferença entre recursos aplicados na operação (ativo) e fontes de recursos da operação (passivo).

Fórmula de Cálculo	
Ativo (Aplicações)	**Passivo (Fonte)**

Ativo Circulante
  Créditos
    Duplicatas a receber
    Títulos a receber
    Adintamento fornecedores
    Outros Créditos
  Estoques
    Matérias - primas
    Produtos em elaboração
    Produtos acabados
	Passivo Circulante
	    Débitos fiscais
	    Débitos sociais
	    Provisão p/ IR
	    Prov. p/ contribuição social
	    Contas a pagar
	    Fornecedores

NCG = Ativo Operacional - Passivo Operacional	

NCG positiva: Aplicação de recursos na operação > fontes de recursos da operação.

Necessita de recursos para financiar a defasagem temporal entre o pagamento dos insumos e demais itens necessários ao exercício da atividade produtiva e o recebimento das vendas.

Saída de recursos para o pagamento dos itens necessários ao exercício das atividades antes da entrada de recursos oriundos das vendas.

NCG negativa: Aplicação de recursos na operação < fontes de recursos da operação.

Sobra de recursos oriundos da defasagem temporal entre o recebimento das vendas e o pagamento dos insumos e demais itens necessários ao exercício da atividade produtiva.

Em geral, há entrada de recursos oriundos das vendas antes da saída de recursos para o pagamento dos itens necessários ao exercício das atividades.

NCG nulo: Aplicação de recursos na operação = fontes de recursos da operação.

A empresa recebe as suas receitas ao mesmo tempo em que desembolsa as suas obrigações relativas à operação.

PONTOS DE ATENÇÃO

1. Estoques

- A NCG positiva pode ser decorrente de um investimento excessivo de capital em estoques.
- Elevado estoque de matéria-prima pode ser condicionante do mercado, dependendo das condições de suprimento em que se encontra a empresa.

2. Clientes

- O valor das contas de Clientes é oriundo do prazo médio de recebimento dos clientes.
- O prazo médio de recebimento pode ser resultante da política de vendas, das condições de mercado, dos processos de crédito e/ou cobrança.
- Diante disso, cabe analisar se as variáveis associadas à gestão (política de vendas, processo de cobrança, entrega de produtos) estão sincronizadas e bem formatadas para viabilizar a redução do prazo médio de pagamento dos clientes.

3. Fornecedores

- O valor da conta de Fornecedores é oriundo do prazo médio de pagamento dos fornecedores.
- O prazo médio de pagamento dos fornecedores pode ser resultante da política de suprimentos, condições de mercado, dependência de fornecedores, etc.

- Diante disso, cabe analisar se as variáveis de gestão (política de suprimentos, processo de pagamento) estão sincronizadas e bem formatadas para viabilizar o aumento do prazo médio de pagamento dos fornecedores.

5.1.2 Capital de Giro – CDG

O CDG representa o saldo entre as fontes e as aplicações dos recursos de longo prazo.

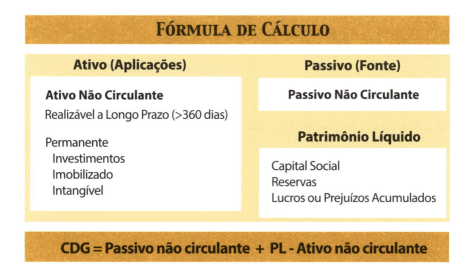

CDG positivo: Recursos de longo prazo > Aplicações de recursos de longo prazo.

Há "sobra" para financiar recursos da operação do dia-a-dia.

Evidencia utilização de recursos estáveis (longo prazo) no financiamento das necessidades de recursos para o giro dos negócios (NCG).

CDG negativo: Recursos de longo prazo < Aplicações de recursos de longo prazo.

As aplicações de longo prazo são financiadas em parte por recursos de longo prazo e em parte por recursos de curto prazo.

Evidencia a utilização de recursos de curto prazo no financiamento de ativos de pouca liquidez (de longo prazo), como um equipamento industrial.

CDG nulo: Recursos de longo prazo = Aplicações de recursos de longo prazo.

Ocorre quando as aplicações de longo prazo se igualam às fontes de longo prazo.

Pontos de Atenção

1. O CDG é muito sensível à capacidade de geração de lucros/prejuízos (resultados econômicos). O lucro é a fonte natural de recursos de longo prazo. Os outros fatores integrantes da CDG representam decisões estratégicas da alta administração.

2. O CDG diminui quando há realização de novos investimentos em bens permanentes e aumenta por retenção de lucros, contratação de empréstimos a longo prazo, integralização de capital e diminuição de distribuição de dividendos. Tais decisões envolvem a coordenação global dos recursos, compreendendo as decisões inerentes a investimentos e financiamentos a médio e longo prazo.

3. O CDG positivo deve ser analisado considerando o custo das fontes de recursos de longo prazo e o retorno das aplicações permanentes também de longo prazo.

4. O CDG negativo representa decisões de investimento inadequadas, tendo em vista a estrutura de investimentos em ativos permanentes em função do nível de atividade empreendido, bem como dos recursos necessários ao financiamento desses investimentos.

5. Uma das causas pode ser baixa produtividade dos ativos da empresa, investimentos realizados sem uma estrutura de financiamento adequada ao prazo de maturação dos investimentos realizados.

5.1.3 Saldo de Tesouraria – T

É a diferença entre as contas financeiras (aplicações) do Ativo e as contas financeiras (fontes de recursos) do Passivo.

A variável T envolve o dia-a-dia da empresa no âmbito das decisões financeiras, as quais se referem ao gerenciamento das disponibilidades e obtenção de recursos de curto prazo.

Fórmula de Cálculo	
Ativo (Aplicações)	**Passivo (Fonte)**
Ativo Circulante Disponibilidade Caixa Bancos Aplicações curto prazo	**Passivo Circulante** Empréstimos Bancários Financiados
T = Ativo Financeiro - Passivo Financeiro	

T positivo: Disponibilidades > Fontes Financeiras de Curto Prazo.

Há "sobra de caixa". Situação financeira folgada ou excesso de conservadorismo na aplicação dos recursos.

Indica que recursos de longo prazo (CDG) dão cobertura às necessidades de recursos para o giro dos negócios (NCG) e ainda permitem aplicações no mercado financeiro ou simplesmente a sua manutenção em caixa.

T negativo: Disponibilidades < Fontes Financeiras de Curto Prazo.

Baixa disponibilidade de recursos próprios no caixa, obrigando a empresa a tomar recursos de curto prazo, normalmente, empréstimos de curto prazo.

Há fontes de recursos de curto prazo financiando suas atividades, o que revela a insuficiência de recursos de longo prazo (próprios ou de terceiros) e a tomada de empréstimos de curto prazo para cobrir a NCG.

T nulo: Disponibilidades = Fontes Financeiras de Curto Prazo.

Não há sobra, nem necessidade de obtenção de recursos financeiros. Indica que recursos de longo prazo (CDG) dão cobertura às necessidades de recursos para o giro dos negócios (NCG).

Pontos de Atenção

1. Saldo de Tesouraria (T) pode ser conjuntural ou guardar uma característica de precaução, quando resulta de uma política deliberada da organização.

2. A existência de um saldo de tesouraria positivo e elevado pode significar também o fato de a empresa não estar aproveitando adequadamente as oportunidades de investimento propiciada por sua estrutura financeira. Neste caso, o saldo de tesouraria pode estar "engordando" por falta de uma estratégia dinâmica de investimentos.

3. O Saldo de Tesouraria (T) negativo pode vir a apresentar um quadro de descontrole no crescimento e dependência de empréstimos a curto prazo, o chamado "Efeito Tesoura". Tal situação tem como causas:

- Crescimento das vendas nominais (por inflação ou crescimento real) a taxas elevadas;

- Imobilização excessiva;

- Prejuízos;

- Distribuição excessiva de dividendos;

- Rentabilidade insatisfatória em relação ao alto giro do negócio;

- Altas taxas de juros.

4. A excessiva dependência de empréstimos a curto prazo torna crítica a liquidez da empresa. Qualquer corte de crédito por efeito do desaquecimento da economia e, portanto, das vendas, pode levá-la à insolvência rapidamente, pois o atraso com relação a fornecedores e colaboradores é inevitável.

5.1.4 Análise de Liquidez

A análise de liquidez observa a capacidade de uma empresa em saldar seus compromissos, operando e crescendo. O perfil financeiro das empresas resulta de um jogo de fatores, como tipo de atividade ou produto, estilo dos administradores (nível de risco em que querem incorrer), ou conjuntura econômica do país onde estão localizadas.

Nesse sentido, nas crises, as grandes empresas pouco verticalizadas que podem transferir parte do seu ciclo financeiro para os seus fornecedores, subcontratantes, ou as multinacionais, pelo mesmo motivo ou por efeito dos vasos comunicantes com a matriz, são menos vulneráveis.

Já as pequenas e médias empresas e as grandes muito verticalizadas são muito vulneráveis, principalmente as do primeiro grupo. Na mesma ordem de raciocínio, as firmas exportadoras são mais protegidas nas conjunturas internas desfavoráveis.

Abaixo, tipos de estrutura de liquidez e a situação financeira provável:

Tipo	CDG	NCG	T	Situação
I	+	-	+	Excelente
II	+	+	+	Sólida
III	+	+	-	Insatisfatória
IV	-	-	+	Alto Risco
V	-	-	-	Muito Ruim

A seguir, as principais características de cada tipo de perfil de liquidez:

Tipo I

- **CDG positivo, NCG negativa e T positivo.**

- **Situação financeira excelente.**

- Há "sobra" de recursos de longo prazo, pois estes são maiores que as aplicações de longo prazo, sendo fonte de recursos para a empresa (CDG positivo).

- Recebe as suas receitas antes do desembolso das suas obrigações relativas à operação da empresa, fazendo com que a atividade operacional da empresa gere caixa, sendo fonte de recursos para a empresa (NCG negativa).

- Assim, os recursos gerados (NCG e CDG) são acumulados no saldo em tesouraria.

- Refere-se a uma situação de menor frequência na prática, típico em supermercados, bancos e empresas de transporte, que compram a prazo e vendem à vista, permitindo, assim a ocorrência de ciclo financeiro pequeno ou negativo.

T	NCG
	CDG

Tipo II

- **CDG positivo, NCG positiva e T positivo.**

- **Situação financeira sólida.**

- Há "sobra" de recursos de longo prazo, pois estes são maiores que as aplicações de longo prazo, sendo fonte de recursos para a empresa (CDG positivo).

- Necessita de recursos para financiar a defasagem temporal entre o pagamento dos insumos e demais itens necessários ao exercício da atividade produtiva e o recebimento das vendas da empresa (NCG positiva).

- Seu capital de giro (CDG) é suficiente para bancar as necessidades de capital de giro e ainda proporcionar aplicações em ativos financeiros, facultando, assim, relativa liquidez à empresa.

- A empresa dispõe de um saldo de tesouraria positivo que lhe permite enfrentar aumentos temporários da necessidade de capital de giro. Típico em indústrias, com ciclo financeiro elevado.

Tipo Iil

- **CDG positivo, NCG positiva e T negativo.**
- **Situação financeira insatisfatória.**
- Há "sobra" de recursos de longo prazo, pois estes são maiores que as aplicações de longo prazo, sendo fonte de recursos para a empresa (CDG positivo).
- Necessita de recursos para financiar a defasagem temporal entre o pagamento dos insumos e demais itens necessários ao exercício da atividade produtiva e o recebimento das vendas da empresa (NCG positiva).

NCG	T
	CDG

- Apresenta insuficiência de recursos de longo prazo para o financiamento de suas necessidades de capital de giro, utilizando-se, assim, de fontes financeiras de curto prazo, fazendo com que o saldo em tesouraria (T) financie os investimentos operacionais (NCG).
- A empresa apresenta desequilíbrio financeiro apesar de possuir CDG positivo. Em regimes inflacionários a taxas de inflação crescentes, devido à grande representatividade do saldo em tesouraria (T) como fonte de recursos, empresas com este perfil podem ser levadas à insolvência.

Tipo IV

- **CDG negativo, NCG negativa e T positivo.**
- **Situação financeira de alto risco.**
- As aplicações de longo prazo não são plenamente financiadas por recursos de longo prazo (CDG negativo).
- Recebe as suas receitas antes do desembolso das suas obrigações relativas à operação da empresa, fazendo com que a atividade operacional da empresa gere caixa, sendo fonte de recursos para a empresa (NCG negativa).
- Os recursos gerados pela operação da empresa (NCG) são suficientes para bancar as aplicações de longo prazo, que não são financiadas por recursos de longo prazo, e ainda proporcionam aplicações em ativos financeiros.
- A empresa está totalmente condicionada à fonte de recursos do giro dos negócios da empresa (NCG), sendo que qualquer arrefecimento nas atividades operacionais (recessão, política comercial mais agressiva de clientes e fornecedores), pode representar escassez de recursos para financiar a empresa.

Tipo V
- **CDG negativo, NCG negativa e T negativo.**
- **Situação financeira muito ruim.**
- As aplicações de longo prazo não são plenamente financiadas por recursos de longo prazo (CDG negativo).
- Recebe as suas receitas antes do desembolso das suas obrigações relativas a operação da empresa, fazendo com que a atividade operacional da empresa gere caixa, sendo fonte de recursos para a empresa (NCG negativa).
- Apresenta insuficiência de recursos da operação da empresa (NCG) para bancar as aplicações de longo prazo, que não são financiadas por recursos de longo prazo (CDG negativo), utilizando-se, assim, de fontes financeiras de curto prazo, para fazer frente à demanda de recursos de longo prazo.
- A empresa apresenta grave desequilíbrio financeiro por estar financiando parte dos recursos de longo prazo, que demandam um prazo elevado para possibilitar retorno ao capital investido, com fonte de recursos financeiros, voláteis de curto prazo.

Tipo VI

- **CDG negativo, NCG positiva e T negativo.**

- **Situação financeira péssima.**

- As aplicações de longo prazo não são plenamente financiadas por recursos de longo prazo (CDG negativo).

- Necessita de recursos para financiar a defasagem temporal entre o pagamento dos insumos e demais itens necessários ao exercício da atividade produtiva e o recebimento das vendas da empresa (NCG positiva).

NCG	T
CDG	

- As fontes financeiras de curto prazo (Saldo de Tesouraria – T) estão financiando os recursos necessários para fazer o "giro" dos negócios da operação da empresa (NCG) e os recursos de longo prazo.

- Tal situação apresenta elevado risco financeiro, já que a empresa se utiliza apenas de recursos de curto prazo erráticos para financiar aplicações de longo prazo de maturação e o giro dos negócios da empresa.

Modelo Tradicional

5.1.5 Liquidez Geral

Indica se a empresa possui um volume maior de recursos investidos do que a dívida total da empresa. Mostra quanto a empresa possui de aplicações de curto e longo prazo para pagar cada R$ da dívida total da empresa.

Fórmula de Cálculo
Liquidez Geral $= \dfrac{\text{Ativo Circulante} + \text{Realizável a Longo Prazo}}{\text{Passivo Circulante} + \text{Passivo não Circulante}}$

O índice de liquidez geral melhor é maior que 1. Quanto maior o índice de liquidez geral, maior é a capacidade da empresa de pagar suas dívidas, ou seja, apresenta uma margem de segurança dada a situação atual da empresa: Recursos investidos pela empresa > Compromissos junto a terceiros.

Pontos de Atenção

1. O índice de liquidez geral é um indicador estático, pois retrata a capacidade de pagamento da dívida total pela empresa num momento específico.

2. Este indicador não é dinâmico, pois não leva em conta o fato de a empresa ter a possibilidade de modificar a capacidade de pagamento em função dos resultados futuros.

3. Constatado o índice de liquidez menor que 1, o seguinte ponto deve ser analisado: Avaliar se os prazos para a conversão dos investimentos

de curto e longo prazo (prazos da conversão dos estoques e das contas a receber em dinheiro) podem estar descasados das datas de exigibilidades da dívida total da empresa (prazos de vencimento das dívidas); em outras palavras, a conversão dos investimentos acontecerá após o vencimento das dívidas.

5.1.6 LIQUIDEZ CORRENTE

Indica quanto a empresa possui de recursos de curto prazo (capacidade de transformar em dinheiro em um prazo menor que um ano) para pagar cada R$ da dívida de curto prazo (exigibilidade de pagamento menor que um ano) da empresa.

FÓRMULA DE CÁLCULO
$$\text{Liquidez Corrente} = \frac{\text{Ativo Circulante}}{\text{Passivo Circulante}}$$

O índice de liquidez corrente melhor é maior que 1. Quanto maior a liquidez corrente, maior é a capacidade da empresa de pagar suas dívidas de curto prazo com os recursos de curto prazo da empresa.

Pontos de Atenção

1. O índice de liquidez corrente é um indicador estático, pois retrata a capacidade de pagamento da dívida de curto prazo com os recursos de curto prazo pela empresa num momento específico.

2. Este indicador não é dinâmico, pois não leva em conta o fato de a empresa ter a possibilidade de modificar a capacidade de pagamento em função dos resultados futuros.

3. Os prazos para a conversão dos investimentos de curto prazo em dinheiro se referem aos prazos médios de estocagem e ao prazo médio de recebimentos dos clientes. As datas de exigibilidade da dívida de curto prazo da empresa referem-se basicamente ao prazo médio de pagamento aos fornecedores da empresa (Vide NCG e indicadores de atividade).

5.1.7 LIQUIDEZ IMEDIATA

Indica a relação entre o que a empresa possui de recursos disponíveis no caixa e a sua dívida de curto prazo.

FÓRMULA DE CÁLCULO
$\text{Liquidez Imediata} = \dfrac{\text{Disponibilidade}}{\text{Passivo Circulante}}$

O índice de liquidez imediata melhor é maior que 1. Quanto maior a liquidez imediata, maior é a capacidade da empresa de pagar suas dívidas de curto prazo com os recursos disponíveis no caixa.

Pontos de Atenção

1. O índice de Liquidez imediata é um indicador estático, pois retrata a capacidade de pagamento da dívida de curto prazo com os recursos disponíveis no caixa pela empresa num momento específico.

2. Este indicador não é dinâmico, pois não leva em conta o fato de a empresa ter a possibilidade de modificar a capacidade de pagamento em função dos resultados futuros.

3. Quando apresenta um valor elevado, a Liquidez imediata pode indicar excesso de conservadorismo na gestão da empresa, que prefere ter recursos "parados no caixa" a investi-los na sua atividade operacional.

4. A Liquidez imediata é utilizada de forma complementar à análise da Liquidez corrente, para poder avaliar o peso dos recursos de curto prazo que não são totalmente líquidos (tais como estoques, clientes) sobre a capacidade de pagamento da dívida de curto prazo da empresa. Os recursos de curto prazo não totalmente líquidos (tais como estoques, clientes) estão ligados a prazos em dinheiro. Os estoques estão ligados aos prazos médios de estocagem, e os valores a receber, ao prazo médio de recebimento dos clientes.

5.1.8 Liquidez Seca

Mede a capacidade de pagamento da empresa sem usar seus estoques. A principal diferença entre a liquidez corrente e a seca é justamente que a liquidez seca exclui os estoques do ativo circulante da empresa, por ser o ativo de menor liquidez.

Fórmula de Cálculo
$Liquidez\ Seca = \dfrac{Ativo\ Circulante - Estoques}{Passivo\ Circulante}$

Se o índice for igual ou maior que 1, significa que a entidade tem recursos financeiros a curto prazo suficientes para honrar seus compromissos de curto prazo, independentemente de conseguir vender seus estoques.

OBS: Como contra-medidas, quando constatadas anomalias em qualquer dos índices, será necessária uma profunda análise do balanço para que detecte a verdadeira causa da disfunção, que pode estar em empréstimos e/ou mau gerenciamento dos ativos, despesas, baixas vendas e outros.

5.2 Indicadores de Atividade

Esses indicadores fornecem uma visão global da cadeia produtiva e informações substanciais para a tomada de decisão efetiva, quando se analisam e se comparam os prazos de recebimento e pagamento das operações em busca de lacunas oriundas dos seus descasamentos. Trazem à tona eventuais perdas com baixa rotatividade de estoques, além de pontos de atenção sobre as vendas realizadas no período.

5.2.1 Prazo médio de recebimento (PMR)

O PMR demonstra o número médio de dias decorridos entre a venda e o recebimento. Tempo médio entre a realização da venda e recebimento (embolso) dos valores financeiros referentes a vendas.

Fórmula de Cálculo
$\text{Prazo Médio de Recebimento (dias)} = \dfrac{\text{Duplicatas a Receber}}{\text{Receita Operacional Bruta}} \times 360 \text{ dias}$

Quanto maior o PMR, em geral, pior para a empresa. Demonstra maior volume de recursos empregados no financiamento das compras pelos clientes e menor disponibilidade de recursos para a aplicação em outros fins da empresa.

Pontos de Atenção

1. O PMR pode ser resultante de variáveis exógenas, como a estrutura econômica competitiva do mercado, e de variáveis internas de gestão, como a política de vendas, o processo de cobrança.

2. A integração das variáveis internas de gestão da empresa (política de crédito, processo de cobrança, entrega de produtos) pode representar reduções no prazo médio de recebimento.

3. É importante o monitoramento entre o prazo concedido pela empresa para o recebimento dos valores dos clientes e o prazo real de recebimento. Exemplo: Se se concede prazo de 30 dias e o prazo médio de recebimento é de 45 dias, pode ser um indício, dentre outras coisas, de problemas de processo de cobrança.

5.2.2 Prazo Médio de Pagamento (PMP)

O PMP é o número médio de dias decorridos entre a compra e o pagamento. Tempo médio entre a realização das compras e pagamento (desembolso) dos valores financeiros referentes às aquisições.

Fórmula de Cálculo

$$\text{Prazo Médio de Pagamento (dias)} = \frac{\text{Fornecedores}}{\text{Compras Anuais}} \times 360 \text{ dias}$$

Quanto maior o prazo médio de pagamento, em geral, melhor para a empresa, pois demonstra que ela pode utilizar recursos dos fornecedores para financiar as suas atividades.

Pontos de Atenção

1. O PMP pode ser resultante de variáveis exógenas como a estrutura competitiva de mercado, e de variáveis internas de gestão como a política de suprimentos, o processo de pagamento a fornecedores.

2. A integração das variáveis internas de gestão da empresa (política de suprimentos, processo de pagamento a fornecedores) pode representar aumento no prazo médio de pagamento.

3. O descumprimento das obrigações referentes ao prazo médio de pagamento é uma prática que muitas vezes pode demonstrar uma fragilidade financeira da empresa, pois pode evidenciar a falta de recursos disponíveis para honrar tais compromissos.

A política de suprimentos é ponto vital na gestão do item.

5.2.3 Prazo Médio de Estocagem (PME)

O PME mede o tempo que se gasta entre a compra de insumos e as vendas dos produtos acabados, dado um certo nível de custos (CMV, CPV ou CSV).

Fórmula de Cálculo
$$\text{Prazo Médio de Estocagem (dias)} = \frac{\text{Estoques}}{\text{Custos (CMV ou CPV ou CSV)}} \times 360 \text{ dias}$$

Quanto maior o prazo médio de estocagem, em geral, pior para a empresa. Demonstra maior volume de recursos empregados no estoque de matérias-primas e/ou produtos acabados e menor disponibilidade de recursos para a aplicação em outros fins da empresa.

Pontos de Atenção

1. O PME é função da atividade operacional da empresa.

2. O PME é um índice econômico-financeiro muito útil para empresas comerciais e industriais, tendo importância reduzida nas empresas prestadoras de serviços.

   - A menor importância nas empresas prestadoras de serviço se deve à baixa representatividade, em termos financeiros, da conta de estoque neste setor econômico.

3. O estoque pode ser dividido em estoque de matéria-prima, estoque de produtos em elaboração e estoque de produtos acabados.

4. O Prazo Médio de Estocagem pode ser influenciado pela política de suprimentos (matérias-primas), pelo ciclo de produção (produtos em elaboração), pela política comercial da empresa e ciclo de vendas (produtos acabados).

5. A falta de matéria-prima e de produtos em elaboração pode levar a paradas de produção e a falta de produtos acabados pode resultar em perdas de vendas.

6. A comparação deve ser feita com empresas do mesmo segmento e ao longo do tempo, para verificar a evolução dos níveis de estoque.

Para que seja possível melhorar o prazo médio de estocagem é preciso, primeiramente, que seja identificada, com clareza, a fase na qual está a anomalia: matéria-prima, produto em elaboração ou produto acabado. A partir desta análise, será possível estabelecer contramedidas, bloqueando as causas do alto nível de estoque da fase identificada.

RESUMO

Não negligenciar os pontos de controle de todos os processos, tais como:

- Conceder prazos adicionais, sem critérios sólidos, para recebimentos, podendo trazer danosos reflexos na administração do caixa;

- Solicitar prazos adicionais para resgate das obrigações. A longo prazo, pode gerar aumento de preços e manchar a imagem da empresa;

- Atrasar a entrega dos pedidos, contrariando acordo firmado com os clientes, o que, além de aumentar o prazo de recebimento, pode acarretar disfunções no ciclo de produção da empresa cliente;

- Atrasar o ciclo de faturamento, o que acarretará deterioração do ciclo financeiro e problemas com a logística;

- Negligenciar os processos de logística de entrada e de saída, principalmente quando há movimento internacional devido aos gastos com *"demurrage"*;

- Controlar com pouca eficácia os níveis de estoque. Estoque elevado pode trazer gastos desnecessários; ao passo que nível de estoque abaixo do necessário leva a parada de produção;

- Adotar política de suprimentos de baixa qualidade. Comprar barato não é sinônimo de comprar qualidade e comprar caro pode ser desperdício evitável. A falta de planejamento nas compras gera emergência, que é responsável por custos elevados e qualidade duvidosa.

5.3 Os ciclos da empresa

5.3.1 Ciclo Econômico

É o tempo decorrido entre a compra de insumos e a realização da venda dos produtos ou serviços, havendo entre esses dois eventos vários outros, em função do tipo de negócio. Tempo utilizado no processo econômico de conversão dos insumos em bens e serviços para a sua comercialização.

Fórmula de Cálculo
Compra de Insumos   Venda de Produtos Acabados
PME
Ciclo Econômico
Ciclo Econômico (dias) = Prazo de Estocagem (PME) (dias)
$\text{Prazo Médio de Estocagem (dias)} = \dfrac{\text{Estoques}}{\text{Custos (CMV ou CPV ou CSV)}} \times 360 \text{ dias}$

Quanto maior o ciclo econômico, em geral, pior para a empresa, pois demonstra uma menor velocidade na transformação dos insumos em produtos ou serviços que são vendidos a seus clientes.

Ponto de Atenção

O ciclo econômico é um indicador muito sensível à característica do setor de atuação da empresa. O ciclo econômico de uma empresa (ou seja, a empresa em funcionamento com o seu processo produtivo) pode ser comparado a uma roda girando a uma certa rotação, conforme o tipo de negócio da empresa.

Isto ocorre, pois as operações se repetem constantemente no mesmo ritmo médio, a menos que se introduzam mudanças estruturais no ciclo de produção

5.3.2 Ciclo Operacional

Tempo decorrido entre a compra de insumos e o recebimento da venda da mercadoria. Equivale ao Ciclo Econômico mais o PMR, ou seja, o tempo entre a venda dos produtos ou serviços e o recebimento dos valores referentes a esta transação. Período de tempo em que a empresa vai precisar de recursos para efetivar a sua atividade operacional.

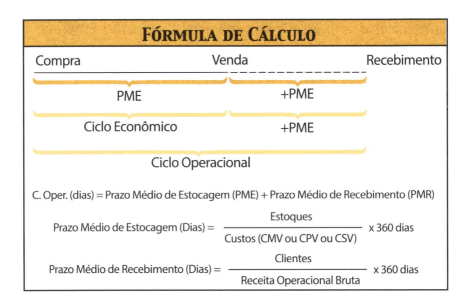

Quanto maior o ciclo operacional, em geral, pior para a empresa, pois demonstra uma menor capacidade de "girar" o negócio, ou seja, transformar os insumos adquiridos em dinheiro das vendas dos produtos ou serviços da empresa.

Ponto de Atenção

O ciclo operacional é um indicador muito sensível à característica do setor de atuação da empresa.

É influenciado pela tecnologia adotada, pelo sistema de manutenção (preventivo ou corretivo), pelo layout, pela produtividade da mão-de-obra.

A distribuição, a armazenagem e o transporte podem ser críticos, o mesmo acontecendo com a rede de vendas, o sistema de cobrança e recebimento de faturas.

5.3.3 Ciclo Financeiro

Tempo decorrido entre o momento em que a empresa coloca o dinheiro (pagamento ao fornecedor) e o momento em que recebe as vendas (recebimento do cliente). Os dois ciclos (operacional e financeiro) são defasados e, dependendo do setor de atividade ou do produto, podem ser mais ou menos longos. Essa defasagem é fruto, por um lado, do processo de conversão dos insumos em bens e serviços (ciclo operacional) e, por outro, dos prazos de pagamento desses insumos e recebimentos das faturas referentes a esses produtos.

FÓRMULA DE CÁLCULO

Compra — Venda — Recebimento

PME — PMR

Ciclo Econômico

Ciclo Operacional

Compra — Pagamento — Recebimento

PMP — Ciclo Financeiro

C. Fin. (dias) = Prazo Médio de Estocagem + Prazo Médio de Recebimento - Prazo Médio de Pagamento

$$\text{Prazo Médio de Estocagem (Dias)} = \frac{\text{Estoques}}{\text{Custos (CMV ou CPV ou CSV)}} \times 360 \text{ dias}$$

$$\text{Prazo Médio de Recebimento (Dias)} = \frac{\text{Clientes}}{\text{Receita Operacional Bruta}} \times 360 \text{ dias}$$

$$\text{Prazo Médio de Pagamento (Dias)} = \frac{\text{Fornecedores}}{\text{Compras Anuais}} \times 360 \text{ dias}$$

O ciclo financeiro pode ser negativo, ou seja, há entrada de recursos oriundos das vendas da empresa antes da saída de recursos para o pagamento dos itens necessários ao exercício das atividades, situação típica de supermercados.

Quanto maior o ciclo financeiro, em geral, pior para a empresa. Demonstra maior necessidade de financiamento para "girar" os negócios, ou seja, transformar os insumos adquiridos em dinheiro das vendas dos produtos ou serviços da empresa, sendo o inverso verdadeiro.

5.3.4 Os Ciclos da Empresa (Econômico, Financeiro e Operacional)

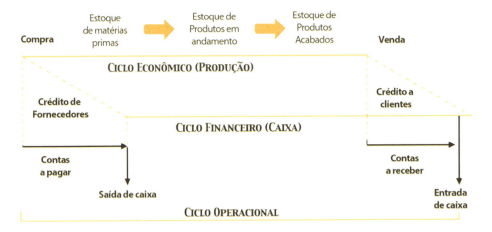

- **Ciclo Financeiro** = Prazo médio de renovação de estoques + Prazo médio das contas a receber- Prazo médio de pagamento das contas a pagar
- **Prazo médio de renovação de estoques** = Tempo de produção e estocagem
- **Prazo médio de recebimento** = Tempo entre a venda e o recebimento
- **Ciclo Operacional** = Tempo entre a compra e o recebimento = Prazo médio de estocagem + Prazo médio de recebimento

Figura 10 - Os ciclos da empresa: econômico, financeiro e operacional.

RESUMO

a. O **prazo médio de recebimento** deve ser o menor possível, respeitadas as exigências de mercado. Não se pode vender somente à vista em um mercado de predominância a prazo. Deve-se, contudo, ficar atento aos processos de cobrança, faturamento e logística para que cumpram suas metas de prazos.

b. O **prazo médio de pagamento**, por sua vez, deve ser o mais longo possível. Não se pode perder de vista, no entanto, que prazos longos implicam maiores custos. Fundamental é que haja um casamento bem planejado entre as duas condições, ou seja, pagar somente após o recebimento.

c. O **prazo médio de estocagem** deve ser o mais baixo possível, considerando que estoque elevado traz custo para a empresa não só do capital empregado, mas de seguro, estocagem, risco de obsolescência, entre outros. O gerenciamento do estoque é função de um bom planejamento da produção, de suprimentos e confiabilidade dos fornecedores. Os processos de produção são a parte integrante desta cadeia para evitar atrasos e consequente formação de estoques intermediários. Os estoques de produtos acabados podem ser reflexos do processo de venda inadequado.

Ciclo Financeiro = Visão Financeira x Visão Econômica

A partir da NCG e das vendas brutas, pode-se calcular o ciclo financeiro em "dias de vendas", ou seja, indica o número de dias das vendas que a organização destina ao financiamento das necessidades de capital de giro.

Ciclo Financeiro = (NCG / Vendas Brutas) x número de dias do período

O ciclo financeiro identificado com este foco apresenta-se como um indicador importante, permitindo o dimensionamento dos recursos necessários para o ciclo dos negócios (NCG).

Logicamente, devemos policiar com exatidão as políticas e práticas financeiras existentes, quais sejam, as políticas de crédito, de estocagem, de compras e de adiantamentos, além das práticas de recolhimento das obrigações fiscais e de pagamento das obrigações trabalhistas.

NCG = (Ciclo Financeiro / número de dias do período) x Vendas Brutas

Portanto, uma eficaz gestão nos componentes do ciclo financeiro trará uma necessidade de capital de giro cada vez menor.

Conclusão

Visão Financeira - O ciclo financeiro é calculado a partir da soma dos prazos médios de estocagem e recebimento, deduzido do prazo médio de pagamento. Indica o tempo decorrido entre o momento em que a empresa destina seus recursos financeiros à compra de mercadorias e o momento em que recebe dos clientes a remuneração pelos produtos vendidos ou serviços prestados.

Visão Econômica - O ciclo financeiro é expresso em dias de venda. Indica o número de dias de venda que a instituição destina ao financiamento das necessidades de capital de giro.

Indicadores de Rentabilidade - Medem o quanto uma empresa está sendo lucrativa ou não, por meio dos capitais investidos, o quanto renderam os investimentos, e qual o resultado econômico da empresa. Fundamentalmente, quanto maior o resultado, melhor.

Em outras palavras, o objetivo dos indicadores de rentabilidade é analisar o retorno proporcionado pela empresa.

Figura 11 - Análise dos indicadores de rentabilidade.

- Para cálculo dos indicadores de rentabilidade, pode-se utilizar como denominador a ROB - Receita Operacional Bruta ou ROL - Receita Operacional Líquida.

- Existem vantagens e desvantagens na utilização de cada uma das fórmulas de cálculo, não existindo apenas uma correta. O essencial é que se use sempre o mesmo ao longo do tempo.

Vamos utilizar como padrão para cálculo dos indicadores de rentabilidade a ROB.

5.4 Indicadores de Rentabilidade
5.4.1 Margem Bruta

Indica quanto a empresa obtém de Lucro Bruto para cada R$ de Receita Operacional Bruta, ou seja, quanto cada R$ de vendas gera de resultado após a dedução dos custos diretos e indiretos de fabricação (não considera as despesas gerais, administrativas, de vendas, financeiras e tributárias).

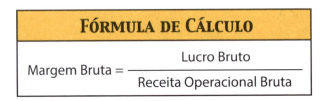

Fórmula de Cálculo

$$\text{Margem Bruta} = \frac{\text{Lucro Bruto}}{\text{Receita Operacional Bruta}}$$

Quanto maior a margem bruta, melhor para a empresa, pois menor a representatividade dos custos em relação à venda.

Ponto de Atenção

Analisar o comportamento das vendas, bem como dos componentes que afetam os custos. Avaliar o comportamento do índice ao longo dos anos.

5.4.2 Margem de Contribuição

É o valor, ou percentual, que sobra das vendas, menos o custo direto variável e as despesas variáveis. A margem de contribuição representa o quanto a empresa tem para pagar as despesas fixas e gerar o lucro líquido.

Fórmula de Cálculo
$\text{Margem de Contribuição} = \dfrac{\text{Receita Líquida - Custos Variáveis - Despesas Variáveis}}{\text{Receita Operacional Bruta}}$

Quanto maior a Margem de Contribuição, melhor para a empresa, pois irá garantir a cobertura das despesas fixas e gerar lucro. Pode ser calculado por produto para avaliação do mix de vendas. Um produto com margem de contribuição negativa estará consumindo parte da capacidade de geração de lucro de outros produtos. Sua participação no mix deveria ser reduzida ou até mesmo descontinuada.

Ponto de Atenção

Deve ser considerado gerencialmente, pois nem sempre o custo do produto vendido contém todos os gastos (custos + despesas) variáveis.

5.4.3 Ponto de Equilíbrio (Break even point)

Refere-se ao nível de produção em que não há lucro nem prejuízo, ou seja, no qual os gastos totais são iguais às receitas totais. Em outras palavras, a quantidade necessária de produtos que devem ser vendidos para cobrir os custos fixos.

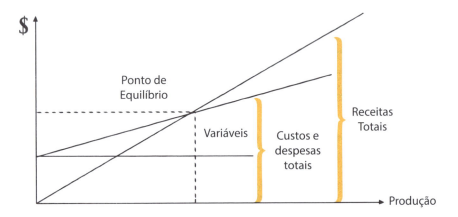

5.4.4 Margem EBIT

Indica quanto a empresa obtém de Lucro Operacional (excluindo depreciação, amortização e resultado financeiro) para cada R$ de Receita Operacional Bruta, ou seja, quanto cada R$ de vendas gera de lucro com a atividade operacional da empresa.

Fórmula de Cálculo

$$\text{Margem Operacional} = \frac{\text{EBIT (LAJIR)}}{\text{Receita Operacional Bruta}}$$

Quanto maior a Margem Operacional, melhor para a empresa, pois demonstra a capacidade de geração de lucro com a atividade operacional em cada R$ de Vendas.

Ponto de Atenção

Analisar o comportamento das vendas, bem como dos componentes que afetam o EBIT. Analisar a evolução do índice ao longo dos anos.

5.4.5 Margem EBITDA

Mede o **desempenho operacional** da empresa, ou seja, o resultado obtido pela empresa por meio de sua operação própria (razão de existir). Diferente do Lucro Líquido, que engloba o lucro final da empresa, que é influenciado pelos resultados financeiro e fiscal, que variam em função de políticas internas e externas.

• Por que utilizar o EBITDA e não o lucro líquido?

O EBTIDA, por medir apenas o resultado **OPERACIONAL**, permite colocar empresas de diversos segmentos e localidades em uma mesma base de comparação, uma vez que práticas financeiras, tributárias e de alocação de investimentos, "distorcem" os resultados. Adicionalmente, é no EBITDA que os resultados de gestão da OPERAÇÃO são visíveis.

Assim, a **Margem EBITDA** indica quanto a empresa obtém de EBITDA para cada R$ de Receita Operacional Bruta, ou seja, quanto cada R$ de vendas gera resultado operacional para a empresa, excluindo do cálculo a Depreciação e Amortização, que são valores essencialmente contábeis.

FÓRMULA DE CÁLCULO
$\text{Margem EBITDA} = \dfrac{\text{EBITDA}}{\text{Receita Operacional Bruta}}$

Quanto maior a margem EBITDA, melhor para a empresa, pois demonstra a capacidade de sua operação para gerar resultados.

Pontos de Atenção

1. Analisar o comportamento das vendas, bem como dos componentes que afetam o EBITDA.

2. Analisar o comportamento do indicador ao longo dos anos.

Na sequência, a representação da árvore EBITDA, um desenho esquemático que ajuda a visualizar o que ocasionou desvio no EBITDA, isto é, comparando o previsto contra o realizado em cada um dos ramos da árvore.

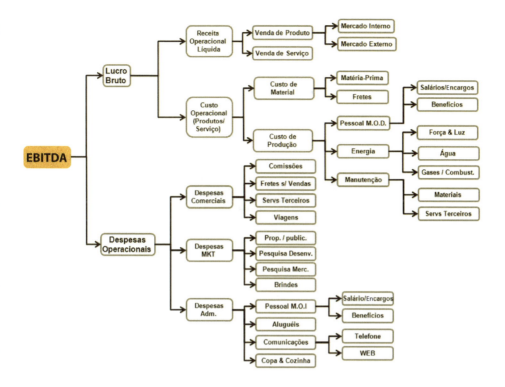

*Figura 12 - Árvore do EBITDA para efeito didático.
Não contempla todas as contas.*

5.4.6 Margem Líquida

Indica quanto a empresa obtém de Lucro Líquido para cada R$ de Receita Operacional Bruta, ou seja, quanto cada R$ de vendas gera de resultado após dedução de todos os seus gastos, inclusive Imposto de Renda.

Fórmula de Cálculo
$\text{Margem Líquida} = \dfrac{\text{Lucro Líquido}}{\text{Receita Operacional Bruta}}$

Quanto maior a margem líquida, melhor para a empresa, pois maior será a conversão de vendas em lucro para a empresa.

Pontos de Atenção

1. Analisar o comportamento das vendas, bem como dos componentes que afetam o lucro líquido.

2. Analisar o componente do indicador ao longo dos anos.

5.4.7 Rentabilidade do Ativo Econômico – ROCE

Indica quanto a empresa obtém de EBIT para cada R$ de Capital Empregado nos investimentos operacionais (NCG) e fixos da empresa. Demonstra a taxa de rendimento dos recursos empregados pela empresa na obtenção dos seus resultados.

Fórmula de Cálculo
Rentabilidade do Ativo Econômico* (ROCE) = $\dfrac{\text{EBIT}}{\text{Ativo Econômico}}$ *Pode ser chamado de Retorno do Capital Empregado

Quanto maior a rentabilidade do Ativo Econômico, melhor é o retorno dos recursos empregados pela empresa na obtenção dos seus resultados.

OBS: Ativo econômico = NCG + Ativo Permanente

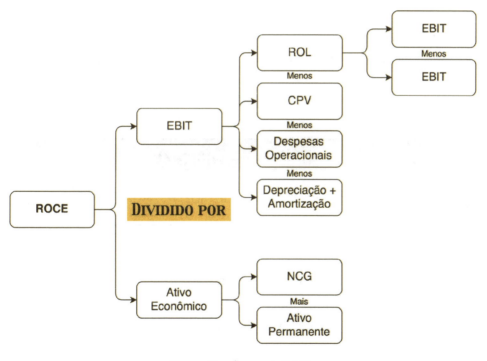

Figura 13 - Árvore do ROCE.

Pontos de Atenção

1. Um baixo índice de rentabilidade sobre o ativo econômico, comparado ao de outras empresas, pode ser um indicativo de que a operação não está trazendo um rendimento adequado. Portanto, deve ser analisada no seu todo; como custo de capital da empresa é um indicador de que a empresa não está agregando valor.

2. Analisar a evolução do índice ao longo dos anos.

5.4.8 Rentabilidade do Patrimônio Líquido – ROE

Indica quanto a empresa obtém de lucro líquido para cada R$ de Capital Próprio investido. Demonstra a taxa de rendimento do capital próprio da empresa.

Fórmula de Cálculo
Rentabilidade de Patrimônio Líquido (ROE) = $\dfrac{\text{Lucro Líquido}}{\text{Patrimônio Líquido}}$

Quanto maior a rentabilidade do Patrimônio Líquido, melhor é o retorno para o acionista. A rentabilidade do Patrimônio Líquido pode ser comparada com a de outros rendimentos alternativos no mercado (exemplo: Fundos de Investimentos).

Pontos de Atenção

1. Um baixo índice de rentabilidade sobre o patrimônio líquido, comparado às taxas de rendimento das aplicações do mercado, pode ser um indicativo de que a operação não está trazendo um rendimento adequado e, portanto, deve ser analisada no seu todo.

2. Analisar a evolução do índice ao longo dos anos.

5.4.9 Rentabilidade do Ativo

Indica quanto a empresa obtém de lucro líquido com o volume de recursos aplicados.

Fórmula de Cálculo
Rentabilidade do Ativo (ROA) = $\dfrac{\text{Lucro Líquido}}{\text{Ativo Total}}$

Quanto maior a rentabilidade do ativo, melhor para a empresa, pois demonstra uma melhor capacidade em gerar lucro líquido, tendo em vista o capital empregado pela empresa.

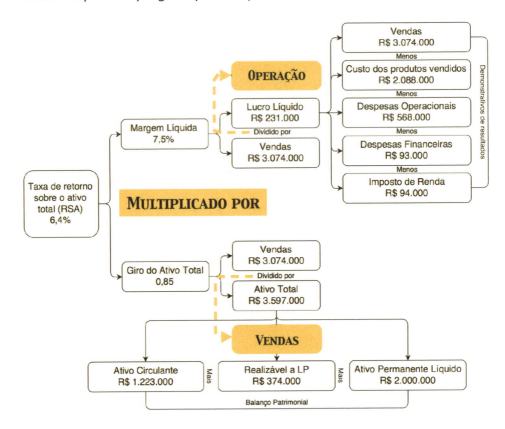

Pontos de Atenção

1. Não necessariamente um baixo índice de rentabilidade sobre ativos é ruim para a empresa. Ele deve ser avaliado de forma comparativa com outras empresas do mesmo setor.

2. Analisar a evolução do índice ao longo dos anos.

5.5 Indicadores Financeiros

5.5.1 Participação dos custos operacionais nas vendas

É a participação do gasto relativo aos bens e/ou serviços utilizados na produção dos produtos ou serviços da empresa no total de vendas da empresa.

Fórmula de Cálculo
Custos Operacionais
Receita Operacional Bruta

Sendo a relação maior que 50%, indicando grande representatividade dos custos em relação à receita de vendas, análises detalhadas devem ser efetuadas, no sentido de certificar-se que o resultado da empresa não está sendo comprometido.

Ponto de Atenção

Comparar o indicador da empresa com outras empresas do mesmo setor, para analisar se esta participação dos custos é oriunda do setor ou se refere a uma característica específica da empresa.

5.5.2 Participação das despesas operacionais nas vendas

É a participação dos gastos necessários para vender os produtos e administrar a empresa (despesas de vendas, administrativas e gerais); enfim, itens que contribuem para a manutenção da atividade operacional da empresa no total de vendas da empresa.

Fórmula de Cálculo
$\dfrac{\text{Despesas Operacionais}}{\text{Receita Operacional Bruta}}$

Sendo a relação maior que 50%, indicando grande representatividade das despesas em relação à receita de vendas, análises detalhadas devem ser efetuadas, no sentido de certificar-se que o resultado da empresa não está sendo comprometido.

Ponto de Atenção

Comparar o indicador da empresa com outras empresas do mesmo setor, para analisar se esta participação das despesas é oriunda do setor ou se refere a uma característica específica da empresa. É interessante o desdobramento deste indicador em:

1. Participação das despesas comerciais nas vendas.

2. Participação das despesas gerais e administrativas nas vendas.

5.5.3 Participação das despesas comerciais de vendas nas vendas

É a participação dos gastos necessários para vender os produtos no total de Vendas da empresa.

Fórmula de Cálculo
$\dfrac{\text{Despesas Comerciais}}{\text{Receita Operacional Bruta}}$

Sendo a relação maior que 50%, indicando grande representatividade das despesas em relação à receita de vendas, análises detalhadas devem ser efetuadas, no sentido de certificar-se que o resultado da empresa não está sendo comprometido.

Ponto de Atenção

Comparar o indicador da empresa com outras empresas do mesmo setor, para analisar se esta participação das despesas é oriunda do setor ou se refere a uma característica específica da empresa.

5.5.4 Participação das despesas gerais e administrativas nas vendas

É a participação das despesas necessárias para administrar a empresa no total de vendas da empresa.

Fórmula de Cálculo
Despesas Gerais e Administrativas
Receita Operacional Bruta

Sendo a relação maior que 50%, indicando grande representatividade das despesas em relação à receita de vendas, análises detalhadas devem ser efetuadas, no sentido de certificar-se que o resultado da empresa não está sendo comprometido.

Ponto de Atenção

Comparar o indicador da empresa com outras empresas do mesmo setor, para analisar se esta participação das despesas é oriunda do setor ou se refere a uma característica específica da empresa.

5.5.5 PARTICIPAÇÃO DO SALDO FINANCEIRO NAS VENDAS

É a participação do resultado de despesas (menos receitas financeiras) no total de vendas da empresa.

FÓRMULA DE CÁLCULO
$\dfrac{\text{Despesas Financeiras - Receitas Financeiras}}{\text{Receita Operacional Bruta}}$

Indica quanto o resultado da diferença entre as despesas com o custo do capital de terceiros e a receita das aplicações de recursos no mercado financeiro representa em relação às vendas.

Ponto de Atenção

O saldo financeiro se refere a decisões de financiamento da empresa, quais recursos estão financiando as atividades da empresa e decisões de investimento, onde os recursos da empresa estão sendo aplicados.

5.5.6 Custo do Capital de Terceiros

É o valor pago de remuneração ao capital de terceiros utilizado pela empresa.

Fórmula de Cálculo
Despesas Financeiras
Passivo não Circulante

Indica o custo do capital de terceiros da empresa.

Ponto de Atenção

O custo de capital de terceiros é um dos itens componentes do cálculo do EVA (Valor Econômico Adicionado).

5.6 Geração Líquida de Caixa

5.6.1 Fluxo de caixa líquido atual

Representa o fluxo de caixa gerado pela empresa, ou seja, o volume de dinheiro gerado pela empresa no ano em análise.

FÓRMULA DE CÁLCULO

Lucro Líquido

(+) Depreciação

(-) Receitas não embolsáveis *

(=) Resultado Proveniente das Operações

(-) Dividendos Pagos

(=) Geração Interna de Recursos

(-) Estoques (Ano X) - Estoques (Ano X-1)

(-) Clientes (Ano X) - Clientes (Ano X-1) $\Big\}$ (-) Variação NCG

(+) Fornecedores (Ano X) - Fornecedores (Ano X-1)

(=) Fluxo de Caixa Líquido Atual

* Exemplo: Resultado de equivalência patrimonial.

Quanto maior o Fluxo de Caixa Líquido, em geral, melhor para a empresa, pois maior é o montante de recursos gerados pela empresa no ano em análise.

5.6.2 FLUXO DE CAIXA LÍQUIDO MÍNIMO NECESSÁRIO

Representa o fluxo de caixa líquido mínimo necessário para a empresa remunerar o capital de terceiros e os capitais próprios, e realizar a reposição dos ativos fixos. Deve ser comparado com o Fluxo de Caixa Líquido Atual para avaliar se há geração de caixa mínima para atender às necessidades da empresa, em continuar a operar dado o volume de ativos fixos investidos, remunerar capital de terceiros e próprio.

FÓRMULA DE CÁLCULO
Valor a amortizar no próximo ano dos Empréstimos Bancários
(+) Reposição dos Ativos Fixos (Depreciação ano anterior)
(+) Custo do Capital Próprio (ke)
(=) Fluxo de Caixa Líquido Mínimo Necessário

Em geral, se for maior o Fluxo de Caixa Líquido, a situação da empresa é ruim, pois demonstra a insuficiência de geração de caixa para financiar a manutenção do nível de ativos fixos da empresa e para remunerar o capital de terceiros e o capital próprio.

Ponto de Atenção

Se o Fluxo de Caixa Líquido Mínimo for maior que o Fluxo de Caixa Líquido Atual, isto pode não representar uma situação da ausência da capacidade da empresa em gerar aquilo que se deve pagar para manter a operação (reposição dos ativos fixos) e aquilo que se deve (custos do capital de terceiros e próprio), pois o custo do capital próprio não é um custo desembolsável, não é um custo explícito na contabilidade e sim um custo "econômico", pois representa um custo de oportunidade do capital do acionista. Custo de oportunidade se refere ao custo de uma outra opção de investimento proporcional ao risco que a empresa corre.

5.7 INDICADORES DE ENDIVIDAMENTO

Os indicadores de endividamento medem se uma empresa é pouco ou muito endividada. Mostram, portanto, a política de obtenção de recursos da empresa, isto é, se a empresa vem financiando o seu Ativo com Recursos Próprios ou de Terceiros e em que proporção.

5.7.1 Endividamento a longo prazo

Este indicador representa a parcela dos recursos aplicados que é financiada por capital de terceiros de longo prazo.

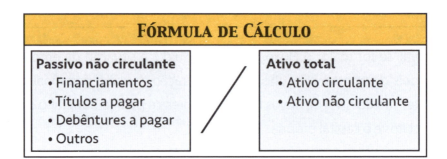

Em geral, um maior endividamento a longo prazo em relação ao endividamento total é melhor para a empresa. Quanto maior a participação de dívidas de longo prazo no endividamento da empresa, maior será o tempo que ela terá para gerar recursos que saldarão os seus compromissos.

Pontos de Atenção

1. Deve ser verificado se as empresas têm uma concentração muito baixa de endividamento a longo prazo, em contrapartida no curto prazo. Estas empresas, num momento de reversão de mercado, não terão muito tempo para planejar sua situação e podem precisar, por exemplo, de se desfazer dos estoques a qualquer preço.

2. Deve-se analisar a necessidade que gerou a obtenção do empréstimo. Além disso, é importante compreender o custo do empréstimo de longo prazo e o seu impacto na geração de resultados atual e futuro da empresa.

5.7.2 Participações de terceiros

Este indicador representa a parcela dos recursos aplicados que é financiada por capital de terceiros, tanto de longo prazo quanto de curto prazo.

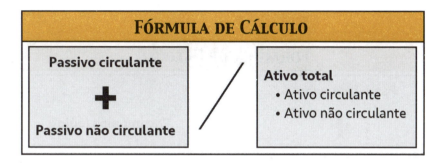

Em geral, uma maior participação de terceiros é mais arriscado para a empresa. Em geral, uma menor participação de terceiros demonstra uma empresa conservadora.

Pontos de Atenção

1. Deve-se analisar o custo do capital de terceiros e compará-lo com o custo de oportunidade do capital próprio, para checar a melhor fonte de financiamento de recursos para empresa.

2. Deve-se analisar o custo do capital de terceiros e compará-lo com a rentabilidade do ativo, para avaliar se o retorno dos recursos da empresa está maior do que o custo do financiamento deste recurso. Em outras palavras, vale a pena continuar com esta fonte de recursos tendo em vista o retorno que ela proporciona?

5.7.3 Exigível total sobre patrimônio líquido

Este indicador demonstra o perfil das fontes de recursos da empresa, informando se ela está sendo financiada mais por capital de terceiros ou por capital próprio.

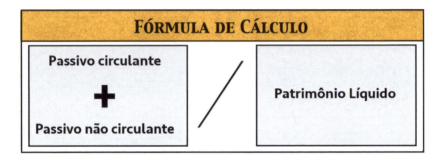

Se: E/PL > 1: mais Capital de Terceiros que Capital Próprio

Mostra uma empresa dependente do capital de terceiros, o que muitas vezes representa uma situação de vulnerabilidade. Normalmente, as instituições financeiras não estão dispostas a conceder financiamentos para as empresas nesta situação desfavorável.

Se: E/PL < 1: mais Capital Próprio que Capital de Terceiros

Mostra uma empresa dependente do capital próprio, que pode significar uma situação de conservadorismo em relação à estrutura dos capitais que financiam as atividades da empresa.

Pontos de Atenção

1. Deve-se buscar a maior utilização de Capital de Terceiros quando a maior parte dele é composta de "exigíveis não onerosos", isto é, que não geram encargos financeiros explicitamente para a empresa (ex. fornecedores, impostos, encargos sociais).

2. Deve-se analisar o custo do capital de terceiros e compará-lo com o custo de oportunidade do capital próprio, para checar a melhor fonte de financiamento de recursos para a empresa.

3. Deve-se analisar o custo do capital de terceiros e compará-lo com a rentabilidade do ativo, para avaliar se o retorno dos recursos da empresa está maior do que o custo do financiamento deste recurso. Em outras palavras, vale a pena continuar com esta fonte de recursos tendo em vista o retorno que ela proporciona?

5.7.4 Cobertura de despesas financeiras

Este indicador demonstra a capacidade de a empresa honrar os seus compromissos financeiros de juros sobre os empréstimos com a geração de resultado operacional.

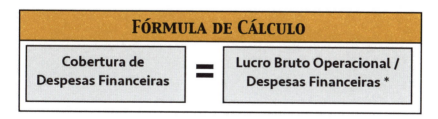

* Juros sobre empréstimos

Quanto maior for este índice, maior será a capacidade da empresa de pagar os juros contratuais. O índice menor que 1 mostra que a empresa não gera resultados operacionais suficientes para honrar o serviço da dívida.

Ponto de Atenção

O índice menor que 1 pode acarretar a antecipação do prazo de vencimento dos empréstimos, com o risco de o credor exigir o pagamento do principal da dívida, como opção que o credor possui de diminuir o risco de inadimplência do empréstimo. Esta situação pode levar a empresa à falência.

5.8 Valor Agregado (VAE)

O VAE é o resultado operacional após impostos da empresa menos um encargo pelo uso do capital fornecido por terceiros e por acionistas.

Deste modo, ele mede o quanto foi gerado em excesso ao retorno mínimo requerido pelos fornecedores de capital da empresa (terceiros e acionistas).

VAE = NOPAT - ENCARGO DE CAPITAL

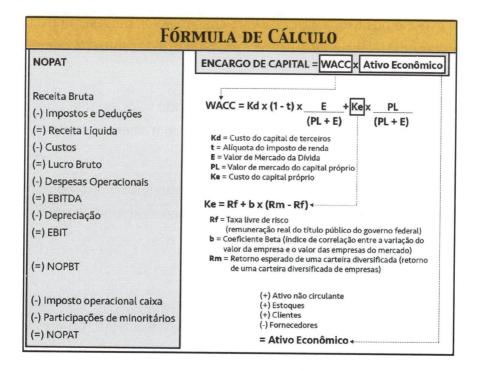

O NOPAT ("Net Operating Profit After Taxes"), ou seja, o Lucro operacional líquido após impostos, representa o resultado oriundo das operações da empresa antes da depreciação e dos juros.

O WACC ("Weighted Average Cost of Capital"), ou seja, custo médio ponderado de capital, representa o encargo da estrutura de capital. A estrutura de capital representa a participação do capital de terceiros e próprio que são utilizados pela empresa para financiar as suas atividades.

O VAE é uma medida de performance da criação de valor aos acionistas, pois mede o desempenho que considera todos os custos de operação, inclusive os custos de oportunidade.

Se o VAE é positivo, a empresa está criando valor, ou seja, o resultado operacional foi maior que os encargos pelo uso de capital de terceiros e capital próprio.

Se o VAE é negativo, a empresa está destruindo valor, ou seja, o resultado operacional não foi suficiente para arcar com os encargos do uso de capital de terceiros e capital próprio.

Quanto maior o VAE, maior o resultado gerado após o retorno mínimo requerido pelos fornecedores de capital da empresa (terceiros e acionistas).

Pontos de Atenção

1. É uma medida completa - considera todos os custos, inclusive o custo do capital de acionistas. Deste modo, o VAE é superior a medidas tradicionais de lucro (lucro líquido, EBITDA, EBIT, etc.), pois contrapõe corretamente o capital investido para gerar este lucro.

2. É um valor absoluto, e não um percentual - investidores estão interessados em ganhos absolutos e não percentuais. Em que situação os acionistas ganham mais: um retorno de 100% sobre um capital investido de $10 ou um retorno de 10% sobre um capital investido de $1,000? Neste sentido, o VAE é superior a medidas de retorno. "Eu tenho uma regra simples quando se fala de medida de performance. Se ela é um percentual (índice), é errada." Michael Jensen, Prof. Emeritus da Harvard Business School.

3. O VAE pode ser acompanhado período a período ao longo do tempo, ao contrário do que ocorre com o fluxo de caixa descontado – o fato de o VAE "casar" os investimentos com os benefícios que eles geram o torna comparável entre períodos. Por exemplo, a geração de caixa de uma empresa em um determinado ano não nos fornece muita informação sobre seu desempenho naquele período, pois esta medida não diferencia períodos de grande investimento de má performance operacional.

6

PONTOS DE REFLEXÃO NA GESTÃO DE RESULTADOS
DESPESAS E RECEITAS

Alguns obstáculos no caminho das análises surgem e os administradores não devem perder de vista seus efeitos.

6.1 0 TEMPO - FATOR DE SUCESSO

Uma das premissas básicas, para o efetivo acompanhamento dos resultados, é a real necessidade de terminar as análises, elaborar os relatórios pertinentes e tudo o mais, em tempo não superior ao quinto dia útil seguinte ao mês findo, visando a ter tempo suficiente para redirecionamento do caminho e/ou implantar ações de bloqueios e de recuperação eficientes e eficazes.

Depara-se, então, com uma série enorme de obstáculos que precisam ser neutralizados, no primeiro momento:

- A contabilidade não consegue fechar os trabalhos em tempo hábil – é fundamental, portanto, mostrar ao responsável pela controladoria a importância da data para que ele se sensibilize e faça um plano de ação para cumprir as metas de prazos.

- Os gestores alegam que não possuem tempo hábil para seu trabalho de análise porque os resultados saem tarde demais.

- Chegou a hora de um trabalho árduo quando se ouve esta afirmação – é dever de todos os gestores colocar como fundamento do trabalho que os envolvidos no sistema de gestão são gestores e não conferentes de planilhas/matrizes.

a. O que isto quer dizer? – significa que eles precisam estar atentos às despesas durante todo mês, todo dia e, portanto, ao chegarem as matrizes, todas (ou a maioria) as contas já foram analisadas, mesmo porque, aproximadamente 90% delas só são lançadas uma vez ao mês e, bem antes do encerramento, como por exemplo: salários e contas aliadas, aluguel, água, luz, telefone e tantas outras. Portanto, ao chegarem os números da contabilidade, basta uma conferência final e muito rápida. Análises e ações tempestivas são mais importantes que 100% de acerto dos lançamentos contábeis. Não é diferente para as receitas, considerando que, na maioria das vezes, conhecemos o resultado das vendas diariamente.

b. Na verdade, no instante das anomalias, todas as ações corretivas já devem ter sido tomadas, caso tenha havido alguma. Por que esperar até o início do mês seguinte para corrigir eventuais erros?

c. Não esquecer que gerenciar é atingir metas – todo gestor deve estar comprometido com resultados, daí então a necessidade de este trabalho ser diário e não após ter acontecido, tão somente porque pode ser tarde demais.

d. O argumento principal é que este é o trabalho do gestor, isto é, atingir metas e alcançar resultados, não cabendo a alegação de que não há tempo para desenvolver seu trabalho. Se não há tempo para fazer o seu trabalho, quem fará? E o que ele está fazendo?

6.2 Revisão de metas: Isto existe?

A resposta é só uma – NÃO.

As metas são estabelecidas por órgãos superiores, após ampla discussão e negociação, cabendo aos gestores encontrar os meios e ferramentas para alcançá-las e não questioná-las.

Acontece que há um mau hábito de querer mudar as metas toda vez que não são alcançadas – interessante é que quando são alcançadas com facilidade, não há solicitação de revisão para apertá-las.

Se, após todo o trabalho de busca das causas dos desvios, se constatar que a meta está inadequada, deve-se averiguar, por meio de análises aprimoradas, se houve mudanças das premissas ou condições que originaram a peça orçamentária ou quadro de metas iniciais. Sendo a resposta positiva, faz-se um novo processo para estabelecer novas metas.

Portanto, a figura de revisão de metas não é apropriada. O que necessita ser feito é um novo exercício de planejamento, devido às mudanças de premissas, cenários, ambientes e outros fatores.

6.3 Os contratos de prestação de serviços e a terceirização

- Ao terceirizar-se qualquer atividade (somente as atividades meio são passíveis de inserção no processo), ainda há a retenção da responsabilidade sobre custos, qualidade, prazo de entrega, moral, segurança e alcance de metas. Fosse diferente a situação, estaria o processo de gestão da empresa sendo terceirizado e não a atividade, o que tangencia o absurdo.

- Não esquecer, portanto, que a terceirização, por si só, não significa redução de custos, necessariamente, e a razão principal da utilização deste expediente é obter mais tempo dedicado às atividades fim, o que é dominado pela empresa, ao invés das atividades meio que não são sua especialidade, em princípio.

- Sendo um serviço contratado, cujo resultado continua sob a responsabilidade da empresa contratante, não se pode abrir mão da autoridade sobre os meios.

- É fundamental, em assim pensando, que a qualquer momento haja a possibilidade de renegociar o contrato para ajustar qualquer uma das vertentes da dimensão da qualidade (custos, qualidade, prazo de entrega, moral, segurança).

- E é exatamente isto que acontece quando o serviço é executado com recursos próprios. A contratação de um funcionário também é regida por um contrato. Em caso de empregado próprio, se algo vai mal, tomam-se as providências adequadas para o ajuste de situação, imediatamente. Por que não adotar semelhante procedimento quando o relacionamento é com terceiros?

- Se o trabalho vai mal, aos olhos da empresa, sob qualquer dos pontos de vista abordados, deve-se agir, independentemente de qual seja o agente executor.

- Olhos atentos em busca de oportunidades de ganho tanto no preço quanto na utilização do contrato (consumo); trocando o fornecedor ou renegociando o contrato, toda vez que possível e necessário.

6.4 Preço versus consumo

- Um grande erro que se comete na análise das despesas é centrar as atenções em "quanto" se gastou ao invés de "para que se gastou". O "quanto" obtém-se da simples leitura do balancete ao passo que "para que se gastou" depende de análise apurada para certificação que o gasto efetuado agregou valor às operações da empresa. Caso a resposta seja positiva, após os estudos, proceda-se ao gasto; caso contrário, elimine-o.

- Ponto de reflexão: O que é melhor para a empresa – gastar R$2.000,00 ou R$1.000,00?
  A única resposta cabível será: depende!
  Pois, se forem gastos R$2.000,00 e isto agregar maior valor em comparação ao gasto de R$1.000,00, torna-se claro que a primeira opção é a melhor para a organização.

- Em outras palavras, se você compra um alfinete e joga-o no lixo – é caro. Se adquirir um helicóptero e o utilizar adequadamente para os fins da empresa – é barato.

- Em qualquer programa de gerenciamento de gastos devem-se perseguir as seguintes fases, partindo sempre das premissas básicas.

- Não existe maneira mais eficaz de reduzir um gasto do que eliminá-lo.

- Economizar é gastar bem.

a. Fase nº 1 - contenção do desperdício. Nesta fase do processo, ganhos são obtidos sem grandes esforços, além de autodisciplina, como, por exemplo, apagar as luzes ao sair da sala; não permanecer com a torneira aberta enquanto se escovam os dentes, não utilizar papel timbrado da firma para rascunho e outros similares.

b. Fase nº 2 - programa de gerenciamento de gastos, propriamente dito, em que se devem considerar dois tópicos:

- Redução de preço, isto é, adquirir o bem ou produzir o produto a custos menores.

- Redução do consumo, isto é, utilizar menos o bem ou o insumo.

- Exemplos: Na produção pode-se introduzir melhor política de compras de matéria-prima, (preço) redução do retrabalho, redução de desperdício (consumo) e outros. No serviço de vigilância deve-se reduzir o valor do preço do vigilante e/ou diminuir o número de vigilantes contratados - (consumo). Há casos em que só o consumo é passível de redução: água, luz e outros monopólios.

- Conclusão:

  Jamais faça previsão de gastos antes de analisar a real necessidade da despesa, isto é, se a atividade/consumo agrega valor às finalidades empresariais; se o preço de aquisição é o mais competitivo naquele momento de decisão e se o consumo é o mais racional para o resultado esperado, assumindo-se que o processo também foi analisado.

Levantar uma série histórica de dados e em cima dela fazer projeções, sem as análises sugeridas, ou seja, no "achismo", é a certeza que encontraremos o caminho certo e rápido para deixar o dinheiro escoar pelos ralos do desperdício e da incompetência.

6.5 RATEIO VERSUS DIVISÃO DAS DESPESAS

- Na maioria das vezes em que se depara com a figura de rateio de despesas, fácil é concluir que, em larga medida, é uma simples divisão da conta paga, por centros de custos, sem critérios claros e definidos à luz da análise do consumo específico de cada área.

- Imaginem a seguinte situação:
  Despesas de correio, em determinado mês - critério de rateio = número de colaboradores por centro de custo. Valor da despesa R$15.000,00.

Centro de custo	Nº de funcionários	Valor rateado $	% alocado
Contabilidade	5	2.206	14,7
Contas a pagar	3	1.324	8,8
Contas a receber	2	882	5,8
Tesouraria	1	441	2,9
Informática	6	2.647	17,6
Almoxarifado	2	882	5,8
Recepção-Telefonista	3	1.324	8,8
Serviços gerais	2	882	5,8
Vendas	10	4.412	29,4
TOTAL	34	15.000	100,0

- Sob o ponto de vista preço, parece um critério justo e correto, pois quem tem mais funcionários paga o valor maior. No entanto, mais funcionários, para esta despesa, não quer dizer, obrigatoriamente, que consome mais, senão vejamos:

- Analisando sob o ângulo do consumo, detecta-se o seguinte comportamento da despesa ao se comparar a origem da correspondência a expedir com a fatura recebida:

Centro de custo	% do consumo
Vendas	80,0
Contas a receber	10,0
Todos os demais	10,0

- Portanto, o rateio acima descrito é uma simples divisão de despesas.

- Quem mais gasta deveria estar pagando R$12.000,00 com sério impacto no preço de vendas. Com certeza, adotando-se um critério de rateio efetivo, o gerente de vendas estaria melhor policiando os custos de sua área, e a empresa como um todo não teria os custos diluídos, indevidamente, vindo a mascará-los.

- O mesmo raciocínio vale para todas as contas rateadas. É fundamental estabelecer critérios corretos e, preferivelmente, fazer alocação dos custos de forma direta, a menos que o custo não justifique o benefício.

- Outro exemplo que é fonte de grandes desperdícios é ratear aluguel antes de definir parâmetros de utilização, isto é, quantos metros quadrados cada funcionário terá como grau de conforto, em média. A ausência do parâmetro leva as pessoas a utilizarem espaços sem necessidade.

- Conclusão:

  a. Ratear não é dividir despesas e sim alocar gastos, por centro de custos, de acordo com a utilização do bem ou serviço;

  b. Rateios sem critérios oferecem os seguintes prejuízos:

    - O gestor do contrato não é responsabilizado pelos gastos porque não caem em seus centros de custos, por estarem espalhadas ao longo da organização.

    - Os gestores de centros de custos nada fazem porque são despesas impostas sobre as quais não têm autoridade, tampouco conhecem os critérios e/ou parâmetros do rateio.

    - Assim sendo, na condição em que ninguém policia nada, só o acionista, no primeiro momento, é prejudicado e, a longo prazo, todas as partes interessadas.

6.6 A MÁSCARA DE "GASTOS DIVERSOS", "OUTROS GASTOS", "DESPESAS GERAIS" E OUTROS SIMILARES

- Não há o menor sentido em fazer previsões nestas contas e por quê?

- Toda empresa deve ter seu plano de contas estruturado de tal forma que as despesas de qualquer natureza e relativas à operação estejam classificadas por aplicação e por centro de custos.

- Havendo gasto não classificado nas contas, tem que ser do tipo esporádico, pontual e de pequeno valor, o qual deve ser autorizado, havendo justificativa para tanto, na esfera competente e devidamente explicado quando das prestações de contas mensais.

- Não se propaga que as contas da espécie estão proibidas, pois as despesas esporádicas e pontuais não justificam, pelo custo, sua criação e manutenção. Ressalta-se que não se faz previsão do que não se conhece – se não dizem respeito à operação não são previsíveis. Havendo tais gastos, devem ser rigorosamente policiados e jamais contabilizados em valas comuns, pois não haverá responsáveis. Não se admite a criação de um responsável por "gastos não identificados".

6.7 Gastos "impostos pela matriz"

- Em algumas ocasiões, encontram-se despesas, principalmente em multinacionais, normalmente, de auditoria, em que o gasto é decidido pela casa matriz, e a contratada cobra preços que poderiam ser obtidos, sem perder a qualidade, com melhores condições, localmente. Trata-se, com certeza, de uma situação delicada, pois não é conveniente a troca da empresa, para o trabalho local, por ser, fundamentalmente, uma relação de confiança entre a casa matriz e a empresa contratada.

- O que se pleiteia é a necessidade de farta análise da situação, mostrando-se fatos e dados à matriz e, provando-se, finalmente, que o custo elevado traz impacto no resultado final e no produto, levando a tirar, localmente, a competitividade necessária para permanência no mercado. Isto colocado, poder-se-ia sugerir que a diferença encontrada entre o preço local e a contratada seja paga pela matriz, pois a realidade local é diferente e a contratada é vital para os fins desejados pela casa matriz. Em última análise, a casa matriz fica sabedora do custo adicional que estamos pagando.

6.8 Gastos "ditos estratégicos"

- Vez por outra se encontram gastos sob a alegação que são estratégicos. Deve ser extremamente crítica a análise de tais despesas para que se confirme que são realmente estratégicos.

- Por exemplo, uma planta industrial ocupando cerca de 40% da área do terreno da empresa, logicamente, paga limpeza, conservação, vigilância, impostos e tudo mais pela totalidade da propriedade e não da área instalada.

- Perguntando-se a razão de tamanho gasto em cima de tão grande ociosidade, a resposta quase sempre é infalível – "é uma decisão estratégica", por tratar-se de espaço vital e necessário para futura expansão.

- Nada de errado existiria se fatos e dados fossem apresentados para justificar a decisão estratégica, além do "feeling" de que um dia haverá um programa de expansão e que os gastos adicionais não estão comprometendo o desempenho dos resultados da organização, desempenho do produto no mercado, tampouco às demais partes interessadas.

- Custos desta natureza devem ser apartados do global e analisados quanto à oportunidade de sua continuação e, principalmente, quem os pagará, pois, provavelmente o mercado não os absorverá.

Se os gastos são inoportunos, devem ser eliminados ou apartados, evitando-se, destarte, a transferência da incompetência gerencial para o produto ao esperar que o consumidor os pague e, por via de consequência, trazendo prejuízos fundamentais para a gestão empresarial.

6.9 Pontos relevantes no acompanhamento das receitas

A receita traz preocupações adicionais, pois além dos fatores exógenos que afetam seus resultados, há também aqueles internos que devem estar sempre presentes nas análises. Devemos ter respostas às questões abaixo listadas.

Não há a pretensão de esgotar o assunto, mas realçar alguns quesitos considerados capitais, senão vejamos:

- É essencial que se conheça o índice potencial de consumo dos produtos, o mais abrangente possível, em termos de cobertura geográfica e a participação de mercado em que se atua.

- A capacidade de produção está esgotada ou em que medida se faz o gerenciamento da ociosidade da planta. Conhece-se, com elevado grau de acerto, a previsibilidade da demanda.

- Quais os planos de expansão em relação ao crescimento do mercado?

- Qual o nível de conhecimento sobre a concorrência e a satisfação dos clientes? Por que o nível de competitividade não é satisfatório?

- Lembrar sempre que preço alto para o mercado é reflexo de custo elevado de produção.

- Há uma política de vendas bem definida com preços estabelecidos, com severa vigilância na concessão de descontos ou outros benefícios. Em outras palavras, as margens são preservadas?

- A empresa deve conhecer o desempenho de cada vendedor dentro das respectivas regiões em que atua. Não pode haver predominância de um sobre os outros em termos de volume de vendas. A produtividade deve, tanto quanto possível, ser uniforme.

- O maior patrimônio da empresa, sem sombra de dúvidas, são seus clientes. Como são tratados os clientes ativos em termos de sua fidelização, ou seja, qual a participação no total de suas aquisições?

- Quanto aos inativos, deve-se conhecer com profundidade as razões que os levaram a esta condição para neutralizá-las e recuperar o cliente perdido.

- Tem-se mapeado com exatidão as áreas não atendidas e se conhecem as razões do não alcance destas áreas?

- A força de vendas está bem administrada e treinada quando se fala, por exemplo, em frequência de visitas, conhecimento dos produtos à venda, importância de reter o cliente, importância de vender com resultados?

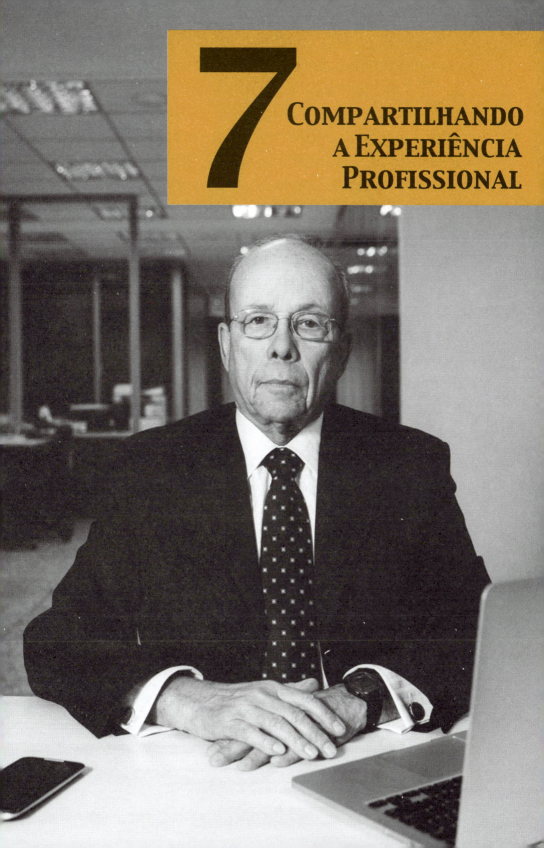

7 Compartilhando a Experiência Profissional

A gestão das empresas tem como premissa fundamental a sinergia necessária e indispensável entre os departamentos e áreas que, em última análise, se traduz no resultado positivo da administração dos processos que têm nascentes e foz e passam por diversos departamentos. Em outras palavras, não é possível gerenciar um processo cuidando somente de sua parte, temos que receber as informações corretas e no tempo devido, e a alternativa é verdadeira quando passamos as informações adiante. Popularmente, dizemos "pare de olhar somente para seu umbigo"; "abra a janela para o exterior".

Fundamental é lembrar que toda ação tem efeitos colaterais em menor ou maior intensidade, razão pela qual o gestor precisa estar atento a estes fatos que, sendo de potencial elevado, podem até neutralizar a ação inicial.

Ao longo de minha vida de Executivo e de Consultor tive oportunidade de presenciar casos da espécie e compartilho com o leitor alguns exemplos, todos reais. Por óbvias razões os nomes, locais e datas estão omitidos.

EPISÓDIO 1

CONTEXTUALIZAÇÃO

Fomos contratados por uma empresa de grande porte no ramo farmacêutico para acelerar os ganhos no indicador EBITDA, todavia com foco no gerenciamento dos custos e despesas, considerando que a receita se comportava dentro das expectativas que o mercado oferecia.

OS FATOS

A empresa contratante tinha, em seus quadros, um Diretor de Suprimentos que alardeava aos quatro cantos sua enorme habilidade em negociar e por isto mesmo conseguir bons preços e prazos de pagamento invejáveis nas compras que realizava.

Realmente, conseguia êxito nas suas iniciativas, mas a contrapartida do vendedor era que a operação fosse de volumes elevados.

Algumas operações foram efetuadas e, não obstante a redução do custo da mercadoria vendida, a empresa começou a verificar queda no seu EBITDA. Fizemos as análises necessárias e constatamos:

A relação do custo da mercadoria vendida sobre o faturamento bruto com certeza diminuiu, no entanto, houve gastos adicionais, a saber: maior custo de armazenagem, pois o galpão existente deixou de ser suficiente para acomodar volumes tão expressivos.

137

Maior consumo de energia, combustível das empilhadeiras, expressivo aumento na folha de pagamento com mais funcionários e horas extras e o mais contundente foi o aumento das avarias com os produtos devido ao manejo do novo volume substancial sem que as equipes estivessem treinadas.

O valor alcançado com as perdas também teve papel importante nos prejuízos, considerando que passaram a aparecer muitos produtos vencidos, pois o mercado não estava preparado para absorver maiores quantidades dos produtos oferecidos.

AÇÕES TOMADAS

Estabelecimento de uma política rigorosa de análises econômico-financeiras toda vez que se avizinhava uma operação dita vantajosa, em que todos os efeitos colaterais perniciosos eram levantados com vistas a neutralizá-los ou, sendo impossível, a operação era rechaçada.

CONCLUSÃO

Portanto, este exemplo demonstra que o Diretor "habilidoso" não era tão hábil no gerenciamento do processo. Suas ações trouxeram em seu bojo efeitos que anularam com facilidade todos os ganhos obtidos, deixando claro sua pouca familiaridade no gerenciamento com visão de processo.

EPISÓDIO 2

CONTEXTUALIZAÇÃO

Vejamos outro caso em que ações mal analisadas trazem resultados em um lado e se comprovam como verdadeiros desastres para outros. Desta feita, nossa participação se deu na administração do capital empregado com foco no ciclo financeiro. Era uma indústria de porte muito significativo no contexto industrial brasileiro.

OS FATOS

Já aprendemos que o prazo médio de pagamentos (PMP), por definição, deve ser o mais longo possível.

Tinham como padrão histórico seu PMP em 60 dias e resolveram inovar para o ano seguinte elevando-o para 70 dias.

Sem dúvida, um belo desafio ao qual o pessoal de suprimentos se submeteu e foi colocado nos Indicadores Chave de Desempenho (KPI) da área.

Era uma grande empresa e a estratégia adotada foi pedir sistematicamente extensão dos prazos de pagamentos, os quais eram obtidos com certa facilidade dado o tamanho da empresa solicitante e a posição estratégica que detinha junto a fornecedores. Com facilidade alcançaram a meta. Ganharam o prêmio acordado.

O efeito colateral identificado foi que, ao analisar o comportamento dos custos do CPV, verificamos um aumento nos preços dos insumos comprados e concluímos, após análises, que o aumento decorreu justamente da sistematização de alongamento de prazos, ou seja, se o prazo é maior, o preço também segue os mesmos passos. O que se chama, na prática: – os fornecedores embutiram juros nos seus preços.

AÇÕES TOMADAS

Estabelecemos políticas de compras com mais flexibilização à luz de cada fornecedor ou fornecimento e segregamos as funções compras de pagamentos, além de estabelecimento de alçadas para alterações em contratos já firmados.

CONCLUSÃO

Portanto, não se pode estabelecer metas para ganhos de bônus sem que haja amarras substanciais para comprovação da presença de eventuais efeitos nocivos. Neste caso, seria bom fazer a relação com gatilhos de EBITDA. Por exemplo, constatada a queda no EBITDA o pagamento do bônus seria interrompido. Não é salutar somente um ganhar em detrimento da maioria, ou seja, a equipe de Suprimentos foi agraciada em detrimento da empresa como um todo.

EPISÓDIO 3

CONTEXTUALIZAÇÃO

Houve alguns momentos em que fui a clientes que levantavam severas críticas quanto ao desempenho de suas áreas comerciais pela baixa produtividade, não só em termos de volumes, mas também e, principalmente, pela baixa rentabilidade das operações. O caso específico abaixo ocorreu em uma indústria do polo petroquímico de um país do MERCOSUL.

OS FATOS

Entrevistados os vendedores, as respostas invariáveis eram que o preço estava muito elevado e os concorrentes agressivos.

Não podemos eliminar concorrentes com simples passes de mágica. Sabemos, todavia, que no mais das vezes, o preço alto se origina de custos e despesas excessivas.

Feitas as análises, o que constatamos foi a alocação errada das despesas, ou seja, a fábrica ocupava pequena parte de uma propriedade bem grande e todos os seus custos – parte ocupada e produtiva e parte não produtiva – eram alocados aos produtos, advindo, daí, um custo muito grande para os produtos. Esta foi a razão pela qual, embora os produtos fossem de boa qualidade, o índice potencial de consumo apontando para boas oportunidades de venda, não era possível concretizá-las, pois os concorrentes, comprovadamente, tinham preços mais atrativos.

AÇÕES TOMADAS

A análise da composição dos custos do produto versus preços de venda foi suficiente para escoimar a anomalia.

CONCLUSÃO

A lição que fica é estudar os ativos não produtivos e deles se livrar ou, no mínimo, apartar os custos inerentes a este ativo e lançar em centros de custo específicos para não contaminar o preço do produto, tratando estes gastos de maneira adequada.

EPISÓDIO 4

CONTEXTUALIZAÇÃO

O contentar-se com pouco ou ficar alheio ao pensamento holístico traz-nos resultados de análise um tanto quanto míopes, como ilustrarei a seguir.

Tivemos vários trabalhos de consultorias em concessionárias de automóveis e inúmeras vezes encontramos empresas que se contentavam em crescer as vendas em percentuais superiores à inflação quando, na verdade, o segmento cresceu mais e a montadora aumentou seus preços em valor superior em relação ao indicador inflação.

OS FATOS

Deparando-nos com casos similares, tínhamos que nos esmerar em explicar ao empresariado alvo do trabalho que ele não estava crescendo, pelo contrário, estava diminuindo sua participação no mercado.

Presenciamos também, por várias vezes, comemorações de recordes de vendas sem que a causa do sucesso fosse examinada. Por exemplo, em uma das empresas clientes, o sucesso foi a saída temporária de um concorrente, que meses depois teve outro em substituição. Presenciamos, também, alegrias com resultados surpreendentes cuja razão foi a concretização de uma licitação parada havia algum tempo.

Podemos até comemorar, mas temos que nos ater a uma celebração pontual, e não perene, e procurar fazer com que ela seja sustentável ao longo dos tempos.

A recíproca é verdadeira, pois algumas vezes assistimos a comemorações de queda nas despesas não por competência, mas por simples postergação das despesas, formando o que chamamos de "despesa represada".

AÇÕES TOMADAS

Em todas as situações de análise, temos sempre em mente que é fundamental fazer pesquisas profundas, tanto no padrão histórico quanto no industrial, mas com olhar penetrante nas alterações ocorridas, tanto positivas quanto negativas, notadamente quando significativas. A curiosidade exerce papel fundamental nestas circunstâncias.

As repostas têm que aparecer com clareza em relação às perguntas – o sucesso é verdadeiro. E qual a razão? Aplica-se na mesma proporção em casos de insucessos.

CONCLUSÃO

Trazemos a seguinte conclusão: cabe ao analista ter sempre uma visão global, examinando aspectos internos e externos que levam ao êxito ou malogro. Vale a lembrança para análise dos processos, que não pode estar circunscrita a alguns agentes, é necessário se percorrer todo o processo de A a Z, da nascente à foz.

EPISÓDIO 5

CONTEXTUALIZAÇÃO

Certa feita fomos convidados a fazer um diagnóstico em uma empresa de grandes proporções, visando à melhoria de seu EBITDA que, segundo seus gestores, era o problema maior da organização.

OS FATOS

A receita estava bem trabalhada, só restando, portanto, um ataque feroz nas despesas, porque o lucro líquido se perpetuava como negativo. Feitos os exames e análises, concluímos que seria possível uma redução da ordem alguns de milhões de dólares que, no entanto, não resolveria nem de longe o problema da firma, em virtude de seu alto endividamento. Em outras palavras, o custo do serviço da dívida era tão alto que o esforço em reduzir despesas traria uma contribuição nominal e perversa.

AÇÕES TOMADAS

Simplesmente, aplicamos o ditado "nada convence mais do que a verdade" e assim agimos, mencionando o fato ao conselho de administração e aconselhando a rever a engenharia financeira da empresa. Não nos ouviram e meses depois chegaram a uma situação quase falimentar, obrigando a venda da organização para um concorrente.

145

CONCLUSÃO

O aprendizado deste fato é não se deixar envolver com a automedicação do gestor. A doença não estava na operação, não era o EBITDA o causador dos males maiores, mas na estratégia da administração em manter elevado estoque de empréstimos, que poderiam ser minimizados com venda de ativos não produtivos.

EPISÓDIO 6

CONTEXTUALIZAÇÃO

Um dos pontos estratégicos de controle é o gerenciamento do ciclo financeiro. E a área onde devemos ter uma forte gestão são os conhecidos "passivos não onerosos", sendo alguns deles as contribuições fiscais, trabalhistas e sociais a recolher.

OS FATOS

Certa vez fomos procurados para estabelecer forte gerenciamento do fluxo de caixa de uma imensa empresa varejista e constatamos um ciclo financeiro baixo, graças aos pagamentos com prazos elevados de concretização, os quais eram conseguidos, em larga medida, pelo não recolhimento das obrigações tributárias que engrossavam o saldo de caixa e mascaravam o indicador e, pior, ilegalmente.

Fique atento, também, se não há outras obrigações atrasadas no seu pagamento, se o indicador prazo médio de recebimento não está curto por força de descontos de duplicatas e correlatos; considere, também, uma análise do estoque para certificar-se que o patamar do volume existente condiz com as necessidades operacionais e observe se há produtos em elaboração parados no aguardo de providências!

AÇÕES TOMADAS

Sempre olhamos os números dos balanços, mas jamais deixamos de verificar os documentos, guias e outros similares, com vistas à certificação que as obrigações foram saldadas. Ver para crer.

CONCLUSÃO

Havendo estes fatores perniciosos relatados, faça o expurgo e calcule o ciclo financeiro de forma adequada e, ato contínuo, busque a causa do problema. Não se deixe levar pelo número apresentado no fluxo financeiro, examine-o em busca da perfeição analítica.

Gerenciar fluxo de caixa é saldar compromissos, tempestivamente.

Episódio 7

CONTEXTUALIZAÇÃO

Diversas vezes somos abordados com a pergunta sobre a validade dos balanços gerenciais e/ou com a tentativa de nos convencer a utilizá-los sob a desculpa dos atrasos sistemáticos da apuração dos balancetes e balanços.

OS FATOS

Já presenciei episódios que mascaram os resultados da organização e, sendo empresa grande, com investidores menores, podem trazer notícias não corretas e "explodir" a médio e longo prazo, quais sejam, entre outras:

- Não fazer provisões necessárias para passivos trabalhistas, devedores duvidosos, disputas legais;

- Não baixar títulos a receber vencidos e não recuperáveis;

- Manter no ativo equipamentos e máquinas sucateados;

- Insistir em não baixar do estoque itens obsoletos, vencidos.

AÇÕES TOMADAS

Toda vez que encontramos casos da espécie elencados ou outras práticas não ortodoxas, é necessário montar outro balanço e/ou DRE, ainda que gerencial, para que se conheça o exato caminho a percorrer.

CONCLUSÃO

Necessário se torna o alerta: CUIDADO com os balanços gerenciais, pois, ao se tornar prática comum na empresa, instala-se uma verdadeira PRAGA. Só se admite a ideia de um balanço gerencial e, somente um, quando há um responsável e com fins bem claros. Se cada um fizer seu balanço gerencial, não há números que resistam às análises. Não permitir jamais tal proliferação, considerando que cada um levará o "seu" balanço e, portanto, a reunião de resultados, por exemplo, não chegará ao fim desejado.

Episódio 8

CONTEXTUALIZAÇÃO

O gerenciamento dos gastos é algo com que todo gestor deve se preocupar e diria mesmo que precisa tratar o tema de forma obsessiva por ser a forma mais efetiva de se proteger em situações em que a economia não é muito favorável, isto é, com gastos baixos. A observação atenta dos gastos permite sua diminuição e, até mesmo, eliminação. Relato dois casos em que os ganhos foram rápidos, sem causar qualquer transtorno nas operações do dia-a-dia das organizações.

OS FATOS

Trata-se de duas organizações de diferentes segmentos que sofriam com gastos elevados e tinham no aluguel um vilão agressivo. Aliás, aluguel é algo caro, precisa ser bem administrado pois nem sempre é fácil rescindir o contrato para se alojar em local mais econômico. Isto porque as instalações, para serem desmontadas e remontadas, custam muito caro e nem sempre se adaptam aos novos locais.

A primeira era uma concessionária de veículos em que o aluguel representava cerca de 60% das despesas operacionais. Isto porque estava localizada em local extremamente caro e inclusive com a oficina no mesmo local.

O outro caso foi de uma empresa de transportes de cargas que tinha seus escritórios na Avenida Paulista, em São Paulo, sabidamente, um dos locais mais caros do Brasil, em termos de metro quadrado ocupado, com local para refeições para funcionários, estacionamentos e outros mais.

Esta empresa recebia poucos clientes porque os vendedores é que faziam as visitas. A área alugada era maior, considerando que abrigava áreas não produtivas, como arquivo inativo e outras coisas mais.

AÇÕES TOMADAS

Para o primeiro relato, consideramos as áreas que não demandavam presença de público e não precisavam estar em local nobre e as transferimos para outra região, advindo daí uma economia de aproximadamente 50% do valor até então despendido.

Para o segundo caso, a solução simples foi sair da Paulista para um bairro menos caro e, com isso, houve uma redução bem significativa.

CONCLUSÃO

Parecem óbvios os casos relatados, todavia, ao longo de minha longa vida profissional, aprendi que as empresas muitas vezes correm atrás de soluções sofisticadas e o óbvio e o simples deixam de ser feitos. Se gastos baixos nos protegem nas épocas adversas, nos deixando competitivos, nos beneficiam em situações de economias prósperas, aumentando a lucratividade.

Episódio 9

CONTEXTUALIZAÇÃO

É muito comum identificarmos nas empresas a perda de foco nas reuniões para levantamento de causas dos problemas e ações que serão tomadas. Muitas vezes, os executivos e suas equipes acabam agindo na emergência, sem buscar a solução com base na causa fundamental do problema.

OS FATOS

Certa vez, estávamos discutindo as causas do baixo faturamento de um cliente. Foi identificado que estas estavam relacionadas ao preço baixo praticado, porém, no meio das discussões, a equipe perdeu o foco e o plano de ação estava sendo elaborado a partir de ações que aumentariam o volume de vendas. Obviamente que, se executadas, estas ações trariam resultados positivos ao faturamento; porém, no mês seguinte o problema voltaria a ocorrer, pois as causas do preço baixo praticado não tinham sido identificadas.

AÇÕES TOMADAS

Todas as vezes que nos deparamos com casos da espécie temos que, em recuada estratégica, retomar os treinamentos para o método de análise e solução de problemas. Nota-se, com facilidade, que os gestores ainda não colocaram como prioridade a afirmação "gerenciar é obter resultados por meio de pessoas comprometidas e treinadas."

CONCLUSÃO

As reuniões precisam ser conduzidas com determinação, constância de propósitos e pautas muito bem definidas.

Episódio 10

CONTEXTUALIZAÇÃO

Na gestão de custos e despesas, já observamos diversas vezes as empresas tomarem ações sobre contas que não trarão resultados significativos na redução esperada, como cortar o cafezinho ou reduzir a qualidade do papel-higiênico comprado. São ações que geram insatisfação e redução no bem-estar geral da empresa. Importante avaliar sempre quais são as contas mais representativas em termos de valores, pois uma pequena redução nestas contas pode trazer um grande impacto nas despesas como um todo, e consequentemente no EBITDA. Outro fator a ser considerado na gestão dos custos e despesas é que "economizar é gastar bem", ou seja, se for comprado um tubo de cola e este for jogado no lixo, a companhia gastou mal; por outro lado, se for comprado um avião para o presidente viajar entre as unidades e isto resultar em um aumento de 30% na margem EBITDA, foi um gasto bem feito.

OS FATOS

Ainda sobre a gestão orçamentária, já presenciamos cenas de executivos serem questionados em reunião de resultados porque o gasto aumentou em relação ao período anterior, mesmo tendo ficado com o valor dentro da meta do mês em questão/análise.

AÇÕES TOMADAS

Avaliar não só gasto, mas a necessidade da efetivação do dispêndio, se havia uma meta acordada e ele cumpriu o combinado, e se este gasto resultou em aumento da margem, este foi produtivo, ou seja, neste caso não podemos nos apegar ao histórico simplesmente.

CONCLUSÃO

Precisamos sempre avaliar o impacto que as ações para redução das despesas trarão no resultado. Ter sempre no pensamento do dia-a-dia que só ganhamos dinheiro gastando, mas temos que saber gastar, considerando que não adianta vender bem e gastar mal.

8
Palavras Finais

Ao longo deste trabalho, aprendemos, fundamentalmente, a conhecer os demonstrativos financeiros e como analisá-los com o auxílio de indicadores;

Vimos que o bom administrador tem como pano de fundo, para sua boa gestão, estar atento aos resultados do EBITDA que mede a operação, não perder de vista os indicadores da atividade que policiam o capital empregado por meio de prazos de recebimento, pagamentos e giro de estoque;

Aprendemos que não podemos focar em uma só parte do gerenciamento, sob pena de não ver os efeitos colaterais, advindo de ações que neutralizam os ganhos idealizados. Como bons exemplos, podemos elencar:

1. Foco extremo no volume de vendas tende a diminuir preços e alongar prazos e, por via de consequência, hostilizar o fluxo de caixa e prejudicar a rentabilidade;

2. Ao pressionar a gestão em busca de gastos menos expressivos temos como possível dano a perda de qualidade dos produtos e atraso nos compromissos por ter os processos mal atendidos em termos de indicadores de produtividade e/ou *lead time*;

3. Busca da perfeição em qualquer tema traz como consequência elevação dos gastos e muitas vezes uma alta indesejada na burocracia;

4. Excesso de controles tira a velocidade das operações sem que haja retorno, empobrecendo os resultados.

Capitalizamos que qualquer tomada de decisão deve ser precedida de análises de alta qualidade e de maneira profunda. Análises superficiais nos levam a decidir inadequadamente, trazendo como retorno o retrabalho e, no final do dia, aumento de custos.

Para prosseguir em seu caminho de sucesso, a empresa necessita:

- Ser uma empresa "lean" e, para tanto, comece eliminando pontos de inspeção por meio de saneamento das desconexões entre os agentes dos processos; elimine transportes desnecessários dentro e fora da unidade, reveja o leiaute das máquinas, a posição dos locais de trabalho e atue fortemente na baixa dos estoques.

- Busque com obsessão a redução dos gastos e alcance das metas negociadas e, para tanto, analise suas demonstrações financeiras e persiga, com métodos adequados, as causas das anomalias, tratando-as, no tempo devido, sendo este o mais rápido possível.

9
Bibliografia

IUDÍCIBUS, Sergio de. Análise de Balanços: Análise da Liquidez e do Endividamento, Análise do Giro, Rentabilidade e Alavancagem Financeira. São Paulo: Ed. Atlas. 2009.

BRASIL, Haroldo Vinagre; BRASIL, Haroldo Guimarães. Gestão Financeira das Empresas: Um Modelo Dinâmico. Rio de Janeiro: Qualitymark, 1999.

BRASIL, Haroldo Guimarães, Avaliação Moderna de Investimentos. Qualitymark Editora, 2002.

BRIGHAM Eugene F; Gapenski Louis C; Ehrhardt Michael C. Administração Financeira: Teoria e Prática. Atlas 2001.

GOUVEIA, Nelson. Contabilidade básica. 2 ed. Harbra, 1993.

IUDÍCIBUS, Sergio de. Coordenador geral EQUIPE de professores da USP. Contabilidade introdutória. 8 ed. São Paulo: Atlas, 1996.

FERREIRA, Rogério Fernandes. Contabilidade para não Contabilistas. 2 ed Editora Almedina, 2007.

ASSAF NETO, Alexandre. Estrutura e Análise de Balanços - Um Enfoque Econômico-financeiro. Atlas. 11 ed, 2015.

MARTINS, Eliseu; ASSAF NETO, Alexandre. Administração Financeira – As finanças das empresas sob condições inflacionárias – São Paulo, Atlas 1986.

GITMAN, Lawrence J, Princípios de Administração Financeira. 3 edição – Harbra – 1987.